Werner Ruf

Die Natur der Rose

Eine praktische Philosophie über Rosenkultur

OLV Fachverlag für Garten und Ökologie

OLV Organischer Landbau Verlag Kurt Walter Lau

Bibliografische Information
Der Deutschen Bibliothek
Die Deutsche Bibliothek verzeichnet diese Publikation in der Deutschen Nationalbibliografie; detaillierte bibliografische Daten sind im Internet unter http://dnb.d-nb.de abrufbar.

ISBN 978-3-922201-80-9

Kurt Walter Lau
Im Kuckucksfeld 1
47624 Kevelaer (Twisteden)
Tel.: 02832/97278 20
Fax: 02832/97278 69
E-Mail: info@olv-verlag.de
Internet: www.olv-verlag.de

Lektorat: Dr. Anita Heidenfelder
Redaktion: Kurt Walter Lau
Satz und grafische Gestaltung:
Ilka Janhsen, Kompliment –
Büro für Gestaltung, Goch
Druck: Interpress

Inhalt

Vorwort und Einführung

Rosen sind anders – wie sind Rosen denn eigentlich?

Dieses Buch soll natürlich ein Buch mit (selbstverständlich biologischen) Pflegetipps für Gartenliebhaber sein. Es soll dazu natürlich unsere Erfahrungen enthalten, die wir in vielen Jahren biologischen Gärtnerns mit Rosen gemacht haben. Gerade aber dadurch kam der Titel zustande. Wie sind Rosen denn eigentlich? Was fällt Ihnen denn ein, wenn Sie an Rosen denken?

- edel und schön
- die Königin der Blumen
- herrlicher Duft und betörende Farben
- wunderschöne Sträuße
- krankheitsanfällig und heikel
- stachelig
- frostempfindlich
- das Gedöns, das Opa immer um seine Rosen gemacht hat
- Chemiespritze

Seien wir ehrlich, die Rose hat bei uns eigentlich ein hohes Ansehen und ist beliebt, aber sie erscheint uns oft wie eine anfällige Diva, die immer „betüttelt" werden will. Oft muss ich auch an den Poesiealbumspruch denken:

Sei wie das Veilchen im Moose,
sittsam bescheiden und rein!
Und nicht wie die stolze Rose,
die immer bewundert will sein!

Volksgut

Gibt es denn auch andere Rosen? Natürlich, wird manch einer sagen: Die wilden Hundsrosen, die Heideröschen, die „Sylter" Rosen, die dort sogar auf Sanddünen wachsen; aber das sind ja ganz einfache Wildrosen, die man nicht mit den Edlen vergleichen kann. Dies ist einfach die Realität. Und dennoch gibt es immer wieder Rosen, die diesem einfachen Schema entgleiten. Ich erwische mich oft selbst dabei, wie ich mich sagen höre: Die ist so gesund und robust, dass ist für eine Gartenrose nicht normal! Gibt es das denn: so schön und edel, aber doch so robust wie eine Wildrose? Ja, das gibt es, denn je nachdem, woher die Vorfahren einer Gartenrose stammen und welche Bedingungen es an ihrem Standort gibt, kann sie krankheitsfrei sein. Was es aber nicht gibt, ist das Patentrezept.

Rosen sind Lebewesen und zu ihrem Wachsen und Gedeihen gehören unzählig viele Faktoren. Einige davon möchten wir Ihnen in diesem Buch vermitteln. Vor allem aber möchten ich Ihnen eines nahelegen: ein wenig Gefühl, und, wenn man das bei Pflanzen so sagen darf – ich denke man darf! –, Verständnis für sie und ihre Bedürfnisse. In der Natur entwickeln sich Pflanzengemeinschaften ganz spezifisch nach ihren Klima- und Standortbedingungen. Im Garten bestimmt der Gärtner, was wo und wie wachsen soll. Gelingen kann dies letztendlich nur, wenn wir beim Gärtnern Wissen und Gefühl einsetzen, um den Pflanzen Entwicklungsmöglichkeiten zu bieten. Denn ein schöner Garten, sagt man, spiegelt auch immer ein wenig die Seele der Gärtnernden wider.

Eine kleine Einführung

Wir sind gegenwärtig zutiefst in jenem tragikomischen Missverständnis befangen, dass wir uns einbilden, unseren unentbehrlichen Kulturgewächsen das Leben durch unsere Klugheit und unser Besserwissen zu erleichtern, während wir es ihnen in Wirklichkeit bis zur Unerträglichkeit erschweren.
Annie Francé-Harrar, 1957

Wir Gärtner neigen wie alle Menschen dazu, schöpferisch tätig sein zu wollen. Eifrig stürzen wir uns auf unsere Aufgaben, das Ziel fest im Auge, und wundern uns, wenn wir dann in Pfützen treten und über Steine stolpern, die man doch hätte so leicht sehen können. Letzten Endes zieht man aber doch aus den Fehlern die besten Lehren, vorausgesetzt, man beschäftigt sich damit und ergründet die Ursachen. „Das Kausalitätsbedürfnis der Vernunft“ nannte dereinst der Naturphilosoph Haeckel das menschliche Bestreben, die Ursachen zu ergründen. Genau das ist mein Anliegen, denn Richtiges aus Fehlern lernen kann nur, wer auch Schlussfolgerungen zieht.
Um diese Erfahrungen und Zusammenhänge in den Vordergrund zu stellen, ist dieses Buch nicht nach den üblichen Einteilungen sortiert, sondern nach den Grundbedingungen, die unseren Rosen zum Wachsen gegeben sind: Erde, Wasser, Luft und ihre Lebensgefährten. Den Anfang bildet eine Betrachtung über die Rose selbst, das Ende ein Ausblick auf ihre Zukunft mit ihrem größten Verehrer: dem Menschen.

Jedes Kapitel ist in drei Teile gegliedert:

1. Betrachtungen und Erkenntnisse des Gärtners
2. Praktische Pflege und Arbeitshinweise
3. Gedankengänge zum Thema, sozusagen „Philosophische Betrachtungen“

Sie können nun also ganz gemütlich Kapitel für Kapitel dem Aufbau des Buches folgen oder Sie können, wenn Sie vornehmlich die Praxis interessiert, den Mittelteil als Leitfaden und Nachschlageteil benutzen. Zu diesem Zweck finden Sie auch im Inhaltsverzeichnis die Praxisabschnitte extra aufgeführt.

Ich hoffe, so für jeden Leser die besten Möglichkeiten zu bieten, denn alle Theorie ist müßig, wenn man darüber vergisst, für die Grundbedürfnisse der Rosenpflanze zu sorgen. Grundbedürfnisse hat jedes Lebewesen. Jedes Streben nach Höherem kann nur erfolgen, wenn diese erfüllt sind. Ihnen die Grundbedürfnisse der Rose etwas näherzubringen, ist Anliegen dieses Buches.

Ach, wie sollen wir die kleine Rose buchen?
Plötzlich dunkelrot und jung und nah?
Ach, wir kamen nicht, sie zu besuchen
Aber als wir kamen, war sie da.

Eh sie da war, ward sie nicht erwartet.
Als sie da war, ward sie kaum geglaubt.
Ach, zum Ziele kam, was nie gestartet.
Aber war es so nicht überhaupt?

Bertold Brecht

Woher die kleine Rose kam

Über die Heimat der Rose, ihr Erscheinungsbild in der Natur, ihre Standort- und Klimaansprüche und ihre Lieblingsplätze im Garten

Aus dem Blick des Gärtners

Wie erscheint uns denn die Rose überhaupt? Natürlich gibt es die zwei gegensätzlichen Bilder der Rose, die ich schon im Eingangswort zitiert habe, aber wo begegnen wir ihr und was fällt außerdem auf? Rosen wachsen meist in gemäßigten Klimazonen. Sie sind weder große Bäume noch kurzlebige Stauden. Am liebsten leben sie in Zwischenlebensbereichen, am Waldrand, an Gehölzsäumen oder in Dünen und im Übergangsbereich zwischen Steppen und Wäldern. Bezüglich der Wasserversorgung bevorzugt die Rose eher mittlere ausgeglichene Lebensbereiche und gedeiht dort am besten. Eher noch verträgt sie mehr Trockenheit als extreme Feuchte. Die Wurzeln gehen für so einen meist eher kleinen Strauch sehr tief – bis zu mehreren Metern. Dadurch ist sie unempfindlich gegen Trockenheit, solange sie in der Tiefe noch Wasser finden kann.

Alles in allem sind Rosen robuste Pionierpflanzen. Demzufolge sind sie sehr regenerationsfähig aber als Individuum nicht langlebig. Sie sind nicht so markante Pflanzen wie Eichen, die mächtig und jahrhundertealt werden, sondern eher die kurzlebigen Schnellbesiedler, die von den Vögeln über die Hagebuttensamen verbreitet werden. Aber dennoch sind sie durch ihre erstaunliche Regenerationsfähigkeit, auch durch die Ausläuferbildung, letztendlich doch langlebig und zäh. Wo sind Rosen eigentlich zu Hause? Hier bei uns kennen wir die Wildrosen in den Hecken, aber sie sind nicht öfterblühend. Stattdessen sind alle wilden Rosen, die in unseren Klimazonen ursprünglich vorkommen, einmalblühend, eine Notwendigkeit, die sich aus unserem Klima mit den ausgeprägten Jahreszeiten ergibt. Logischerweise stammen alle öfterblühenden Rosen aus wärmeren Klimazonen. Rosen sind von Natur aus auf der ganzen nördlichen Erdhalbkugel verbreitet.

Warum es auf der Südhalbkugel keine gab, ist mir nicht bekannt. Wohl fühlen sie sich dort durchaus, wie die *Rosa mosqueta* in Südamerika bezeugen.

Mosqueta ist dort eine Sammelbezeichnung für alle von den Spaniern „eingeschleppten" Wildrosen, vornehmlich *Rosa rubiginosa* und *Rosa canina*, aber auch *Rosa moschata*. Diese haben sich dort so vehement in den steppenartigen Landgebieten verbreitet, dass aus dieser Region inzwischen die weltweit größten Erntemengen an Hagebuttentee stammen. Aus den dabei zurückbleibenden Samenkernen gewinnt man inzwischen durch ein neuartiges schonendes Verfahren ein ganz besonders wertvolles Öl, das in besonderen Kosmetika verwendet wird.

Auf der Nordhalbkugel wiederum gibt es öfterblühende Rosenarten nur im Fernen Osten. Nach Europa kamen die ersten Rosen über den Nahen Osten, aus Persien und der Türkei. Allerdings sind sich Fachleute mittlerweile einig, dass deren Vorfahren wiederum auch auf lange vergessenen Pfaden von Fernost gekommen sein müssen. Viele weitere besondere Eigenschaften unserer Gartenrosen haben ebenfalls in Fernost ihren Ursprung, um nur die leuchtend gelb und feurig rot blühenden Rosen zu erwähnen. Müssen wir uns dann wundern, dass gelbe Rosen frostempfindlich sind? Ist es erstaunlich, dass viele feurig rote Rosen furchtbar unter Sternrußtau leiden? Wer einige der ersten China-Rosen kennt, die von den Engländern im Zuge ihrer Handelsbeziehungen aus Fernost nach Europa kamen, muss sich wohl eher wundern, wie aus diesen filigranen und oftmals empfindlichen Röslein unsere heutigen üppigen Gartenrosen entstanden sein sollen. Einige dieser Rosen waren so heikel, dass sie heute bereits verschollen sind – trotz gärtnerischer Pflege ausgestorben.
Dennoch waren es gerade diese chinesischen Rosen, die den Durchbruch in der Gartenrosenzucht gebracht haben, und wir müssen den Züchtern dankbar sein, dass sie den Mut hatten, immer wieder empfindliche Rosen mit robusten zu kreuzen, um letztendlich doch brauchbare Gartenrosen mit erstaunlichen neuen Eigenschaften zu züchten.

Vom Habitus (Wuchsform) her wächst die Rose eher ungeordnet und überhängend/auseinanderfallend. Sie neigt meist eher zum Klettern oder Ranken als zur Bildung eines gleichmäßigen Strauchs.

Kletterrose mit Wildcharakter – 'Super Fairy' mit Zaun

Speziell beim Älterwerden ohne Schnitt tendiert sie sogar zum Auseinanderbrechen und macht oft dürre Äste.
Meist erneuert sie sich durch neue Jungtriebe. Viele Rosen bilden aber auch neue Bodentriebe, oft sogar als Ausläufer. Je nach Rosenart variiert die Wuchsform einiger Rosen. Die Gallica-Rosen sind eher kompakte dichte Sträucher, manche Wildrosen, wie die Bengal-Rosen, sind sehr niedrige, teils kriechende Büsche und sehr viele Rosenarten sind kletternd. Diese jeweilige Grundveranlagung der Rose kann man durch Schnitt und Formierung beeinflussen. Was man nicht kann, ist durch den Schnitt alleine eine Rose zu einer gänzlich anderen Wuchsart bringen. Am sinnvollsten ist es daher natürlich, von vornherein die für den entsprechenden Verwendungszweck geeignete Rose auszuwählen und durch den Schnitt noch zu fördern.

Bestachelt ist sie nahezu immer, wenn auch sehr unterschiedlich.
Als Schutz gegen das Gefressenwerden taugen die Stacheln nicht immer. Offensichtlich schmecken Rosen einfach zu gut. Der zweite Verwendungszweck der Stacheln funktioniert dafür umso besser: Speziell die kletternden Rosen benutzen ihre Stacheln als Rankhilfe. Eine Bemerkung am Rande:
Entgegen allen Sprüchen und Gedichten haben Rosen keine Dornen. Dornen sind wie bei der Schlehe immer umgeformte Äste. Die Rose hat nur „Hautstacheln", eben Ausstülpungen der Oberhaut. Man erkennt es gut daran, dass sie sich vom Ast ablösen lassen.

The best rose-bush, after all,
is not that which has the fewest thorns,
but that which bears the finest roses.

Henry Van Dyke

Rosa ist der botanische Gattungsname der Rose, und er ist Programm! Rosafarbene Rosen gibt es nahezu mit allen begehrenswerten Eigenschaften: Duft, hohe oder niedere Wuchshöhe, glänzendes Laub, Robustheit gegen Krankheiten, ausgewählter Wuchsform und was dergleichen mehr ist. Soll die Rose gelb oder rot sein, ist das Sortiment wesentlich kleiner, und man muss oft auf gewünschte Eigenschaften verzichten.
Unsere heimischen Wildrosen bevorzugen ja die offeneren, freien Standorte und lieben daher die Sonne. Ein grundlegendes Wärmebedürfnis hat die Gartenrose erst recht aufgrund ihrer östlichen Vorfahren. Allerdings sind die frostempfindlichen Gartenrosen logischerweise alle letztendlich auf die importierten Sorten zurückzuführen, was sich dadurch bemerkbar macht, dass es oft die gelben Sorten sind, welche im Winter leiden. Man darf jedoch nicht glauben „je wärmer desto besser", denn in extremen Hitzeperioden stellt auch die Rose ihr Wachstum ein. Sie ist und bleibt im Durchschnitt ein Kind der gemäßigten Zonen. Was können wir nun daraus für unsere Gartenrosen ableiten?

Faszination des Stachels – Stacheln einer Moosrose

Praxis.

Standortansprüche der Rose

Der Rosenliebhaber Konrad Adenauer hat die Ansprüche der Rose einmal sinngemäß in die folgenden Worte gefasst: „Die Rose liebt es warm, aber nicht heiß, feucht, aber nicht nass, luftig, aber nicht zugig". Mit diesen kurzen Worten ist das Wichtigste schon gesagt.

Rosen sind im Prinzip Sonnenkinder: je mehr Licht, desto besser. Als „Freigeister" und Steppenbewohner mögen sie es nicht, von anderen Pflanzen allzu sehr bedrängt oder gar überschattet zu werden. Geben Sie Ihrer Rose einen freien offenen Standort, der im Sommer nicht allzu heiß wird, und Sie haben schon die wichtigsten Bedingungen für eine glückliche Rose geschaffen! Planen Sie dann noch den Platzbedarf für Ihre Rose entsprechend ein und setzen Sie möglichst immer mehrere Rosen in Gruppen, denn auch in der Natur wachsen die Rosen gerne in Gemeinschaften. Unbedingt wichtig ist es noch, keine stauende Nässe im Untergrund zu haben, da sonst die Rose nicht tief genug wurzeln kann. Ihre natürliche Wuchsform sollte die Rose möglichst ausbilden können, wobei alle Rosen sehr gut durch Schnittmaßnahmen reguliert werden können. Formieren und Zurückschneiden bis zu über 50 Prozent sind in der entsprechenden Jahreszeit (zumeist im März) nicht schädlich. Im Gegenteil: Ein guter Auslichtungsschnitt fördert bei der Rose eher die Gesunderhaltung und die Blütenneubildung. Allerdings sollte man beim Schnitt stets die Grundwachstumseigenschaften einer Sorte kennen, um sie richtig schneiden zu können.

Gänseschar im Rosengarten: ein idyllisches Bild.

Gedanken zur Standortfrage bei Rosen

Haben wir die „Königin der Blumen“ jetzt zum Mittelmaß degradiert, weil sie gemäßigtes Klima und mittlere Feuchtigkeit liebt? Nein, eigentlich nicht, denn es zeugt ja von wahrhaftiger Königlichkeit, solche Ansprüche zu stellen. Immer ausgeglichen, immer wohltemperiert und immer perfekt: Das sind wahrhaftig königliche Ansprüche! Andererseits ist sie wiederum hart im Nehmen. Trockenheit und Fröste überstehen die meisten Rosen absolut klaglos, oder zumindest wenig beeinträchtigt. So kann man sich durchaus eine Königin vorstellen.
Was die Gartenrose jedoch nicht kann, ist, ihren Standort selbst zu bestimmen. Viele andere Gartenpflanzen können zumindest als Samen oder Ausläufer ihre Standorte zum Teil beeinflussen, indem sie an einem Standort verschwinden und an anderer Stelle wieder auftauchen. Die Rose ist uns Menschen sozusagen ausgeliefert. Einmal gepflanzt, muss sie dort bleiben und mit dem Standort zurechtkommen. Ein Umpflanzen ist zwar möglich, wird aber immer übel genommen, denn die Rose ist ein Tiefwurzler und der notwendige starke Rückschnitt wirft sie wieder in der Entwicklung zurück. Meist wird eine Rose also an dem Standort im Garten stehen bleiben, den der Gärtner ihr zugedacht hat, auch wenn er ungünstig ist.

Zum Verhängnis kann der Rose dann ihre Robustheit werden. Stauden verkümmern gänzlich an solch schlechten Standorten, und Einjährige säen sich einfach nicht mehr neu aus. Die Rose kann lange unter schlechten Bedingungen wachsen, aber oft kümmert sie dann, und leidet immer wieder unter Krankheiten.

Markanter Stachel einer Kletterrose

Die Rose und die Fünf

Die Rose hat ihre eigene Zahl. Wildrosen haben stets fünf Kelchblätter und fünf Blütenblätter und zählt man die Blütenblätter einer gefüllten Rose nach, so wird man stets ein Vielfaches von fünf erhalten. Auch alle anderen Pflanzen, deren Blüten fünf Petalen (Kronblätter) haben, zählen zur großen Familie der Rosengewächse. Neben allen Kern- und Steinobstbäumen sind dies auch Himbeeren, Brombeeren und Erdbeeren. Die Zahl Fünf bestimmt die Rose mehr, als es den äußeren Anschein hat. Die grünen Laubblätter sind stets unpaarig gefiedert, meist zu fünf, aber auch zu sieben oder neun. Wenn man die ungleiche Verteilung der Laubblätter am Stängel genau betrachtet, stellt man fest, dass wiederum jeweils das fünfte wieder auf der gleichen Seite des Triebes sitzt wie das erste. Im Garten ergeben sich die schönsten harmonischsten Gruppen, wenn man jeweils fünf oder drei Rosen einer Sorte als Tuff pflanzt.

Beim Ernten der Pflanzen werden sie zu fünfen gebündelt. Auch die Blüten der gefüllten Rosen, deren viele Blütenblätter nur umgewandelte Staubgefässe sind, haben fünf grüne Kelchblätter. Aus der sich zwangsläufig beim Umschließen der Knospe ergebenden Überlappung resultiert die Tatsache, dass immer nur die außen liegende, nicht überdeckte Seite des Kelchblattes Haare besitzt.

Die klassische Rosenblüte mit fünf Blütenblättern Rosa fedtschenkoana

Daraus ergibt sich die Lösung eines Rätsels aus dem Mittelalter:

Quinque sunt fratres.
Duo sunt barbati,
Duo sine barba nati.
Unus e quinque
Non habet barbam utrinque.

Albertus Magnus

(Wir sind fünf glückliche Brüder,
zu gleicher Zeit geboren.
Zwei haben einen Vollbart,
zwei sind glatt rasiert und der Fünfte
hat nur auf einer Seite einen Bart.
Wer sind wir?)

Schauen Sie sich einmal die Kelchblätter der Rosen an, welche die Blüte umschließen. Dies gilt für alle!

Die Zahl Fünf hat viele besondere Bedeutungen. Das Fünfeck, das Pentagramm, steht für den Mikrokosmos, es bestimmt den Aufbau unserer Rosen und gilt auch als Symbol des Menschen. Und die Dämonen weichen vor ihm wie Mephisto im Faust.

Es gibt die fünf Tugenden:
Liebe, Wahrheit, Gerechtigkeit, Weisheit und Güte.

Fünf Sinne hat der Mensch:
sehen, hören, riechen, schmecken und fühlen.

Fünf Finger und Zehen hat er.

Die Fünf ist die erste Zahl, welche aus einer geraden und einer ungeraden Zahl zusammengesetzt ist, so wie auch der Mensch aus Gutem und Bösem besteht.

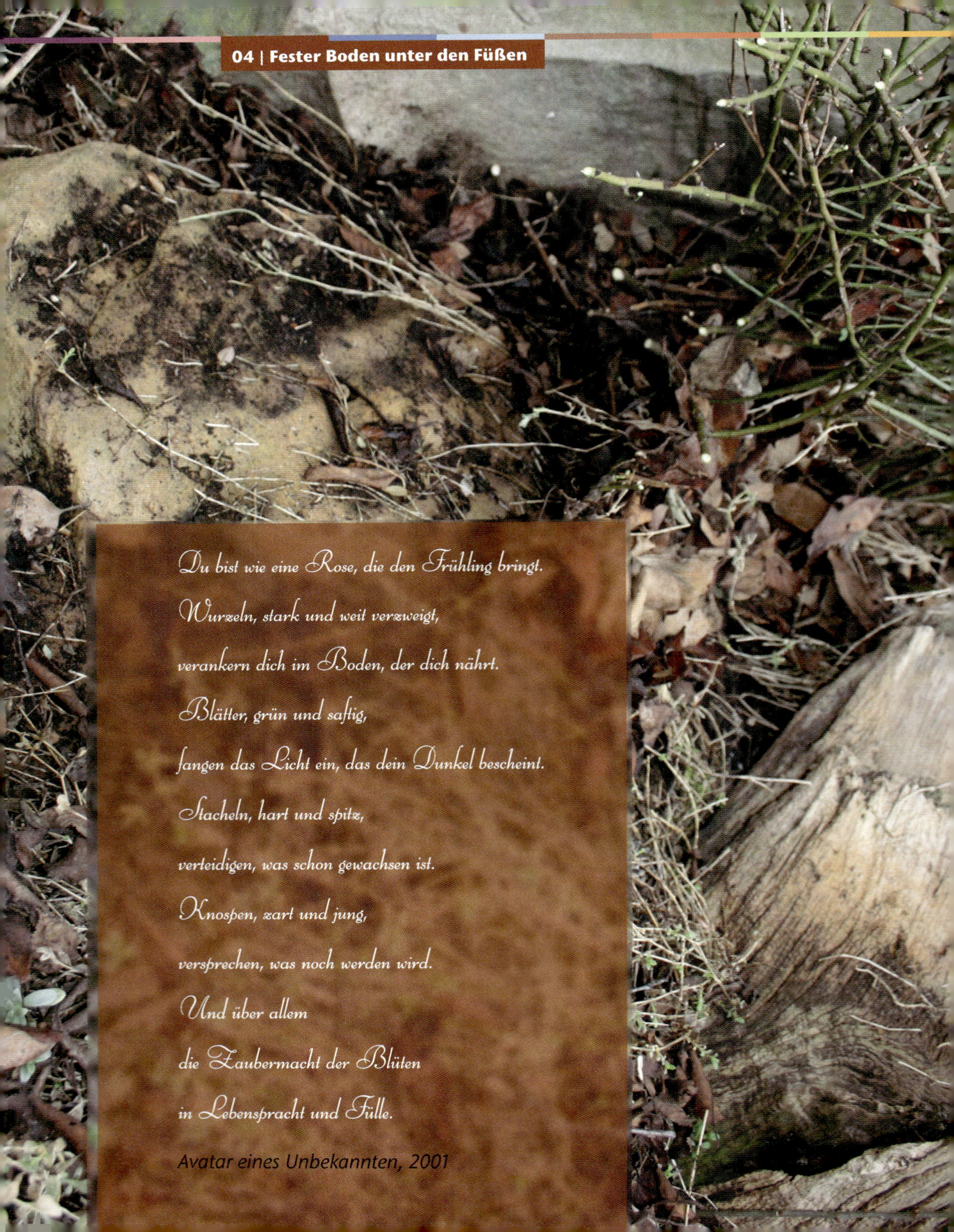

Du bist wie eine Rose, die den Frühling bringt.
Wurzeln, stark und weit verzweigt,
verankern dich im Boden, der dich nährt.
Blätter, grün und saftig,
fangen das Licht ein, das dein Dunkel bescheint.
Stacheln, hart und spitz,
verteidigen, was schon gewachsen ist.
Knospen, zart und jung,
versprechen, was noch werden wird.
Und über allem
die Zaubermacht der Blüten
in Lebenspracht und Fülle.

Avatar eines Unbekannten, 2001

Fester Boden unter den Füßen

Die Lithossphäre (Lithos = der Stein) – von den physikalischen und chemischen Bodenbedingungen aus der Sicht der Rose

Aus dem Blick des Gärtners

Rosen sind Pionierpflanzen, wie im ersten Kapitel beschrieben wurde. Sie besiedeln meist offenes Land und bilden die Zwischenstufe zwischen Steppe (bzw. Acker oder Wiese) und Wald. Als solche haben Rosen natürlich einen besonderen Bezug zu dem Boden, auf dem sie gedeihen. Als typisches Steppengewächs wurzeln sie tief in den Unterboden ein und versorgen sich dort auch mit Mineralsubstanzen. Ein mineralienhaltiger Boden ist für sie essenziell.

Böden bestehen stets aus Verwitterungsprodukten der Erdoberfläche, was bedeutet, dass sie meist von der Gesteinsart geprägt sind, die in der jeweiligen Gegend vorherrscht. Ausnahmen gibt es natürlich auch hier, wenn zum Beispiel feine Bodenbestandteile durch Winderosion über Hunderte von Kilometern verfrachtet werden und sich dann in Massen ablagern. So ist es oft nach der letzten Eiszeit geschehen, und dem Umstand, dass die Winde von den Mittelgebirgen abgebremst wurden, verdanken wir unsere fruchtbaren Lösslehmböden in der Wetterau.
Die Fruchtbarkeit wird natürlich zum Teil durch die Gesteinsart bedingt, aus welcher der Boden entstanden ist, zu einem erheblichen Teil aber auch durch die Feinheit der Bodenteile. Damit Mineralien überhaupt für Pflanzen verfügbar werden können, müssen sie zunächst in ausreichender Feinheit vorhanden sein. Zum einen, damit die Wurzeln sich daran anschmiegen können, und zum anderen, damit Bodenwasser mit ihnen in Kontakt treten kann und die chemischen und biologischen Prozesse, die in jedem Boden stets ablaufen, die Mineralien lösen können. Die fruchtbarsten Böden sind in der Natur schon immer da entstanden, wo sich Gesteine relativ schnell und fein zersetzten. Dies beginnt bei der so genannten Gletschermilch, dem gesteinsmehlhaltigen Schmelzwasser in den Bergen und endet bei den fruchtbaren Überschwemmungsböden in unseren Talauen oder gar am Nil. Wichtig ist natürlich auch, aus welchen Gesteinen die Böden letztendlich entstanden sind. Handelt es sich um reinen Quarz, so entsteht fast mineralstoffloser, wenig fruchtbarer Sand. Fruchtbare Böden entstehen dagegen meist aus mineralstoffreichen Vulkangesteinen.
Kalkverwitterungsböden sind ebenfalls meist sehr fruchtbar, weil sie Nährstoffe gut pflanzenverfügbar machen. Da sie jedoch eine beschleunigte Umsetzung organischer Dünger bewirken, gelten sie als „nährstoffhungrig“. Beim Ausbringen von Düngekalk galt früher der Bauernspruch „Kalk gibt reiche Väter und arme Söhne“.

Extrem gesteinsarme Moorböden haben logischerweise immer Mineralstoffarmut und neigen zum Versauern. Auf diesen verschiedenen Böden haben sich in der Natur verschiedenartige Pflanzen jeweils den Böden angepasst. Bei der Rose haben deshalb unterschiedliche Arten entwickelt. Die meisten Rosen bevorzugen aber die mineralstoffreichen und trockeneren, kalkhaltigen Böden, zumindest aber kalkhaltige Lehmböden. Daher rührt auch der bekannte „Kalkhunger" der Rosen. Eine grobe Einteilung, welche Rosenarten welche Böden bevorzugen, könnte etwa so aussehen:

Sandige Böden:
Rosa rugosa, Rosa spinosissima

Lehmige Böden:
Rosa multiflora, China- und Noisette-Rosen, (also fast alle Gartenrosen)

Kalksteinböden:
Rosa rubiginosa, Rosa canina, Rosa arvensis

Feuchte Auböden:
Rosa virginiana

Regenwurmarbeit in kiesigem Lehm

Der pH-Wert, der den Säuregrad des Bodens angibt, ist der wichtigste Punkt in der Bodenchemie, da nur bei einem mittleren pH-Wert alle Nährstoffe und Mineralien pflanzenverfügbar sind. Je mehr er in ein Extrem abdriftet, desto stärker neigt ein Boden zu Mangelerscheinungen. Der ideale pH-Wert für Rosen liegt bei 6 bis 6,5; gut vertragen werden meist noch 5,5 bis 7. Anheben lässt sich der pH-Wert problemlos mit Düngekalk (kohlensaurer Kalk oder mineralstoffreicher Algenkalk). Ein Absenken ist schwierig, aber mit reichlich Humusgaben und sauren Bakterienpräparaten möglich. Neben seiner wichtigsten Aufgabe im Boden, der pH-Wert-Regulierung, ist Kalk auch ein wichtiger Pflanzennährstoff.

Zwei weitere, besonders pflanzenwichtige Eigenschaften des Bodens werden ebenfalls durch die Gesteinsart bestimmt: die Durchlüftung oder Lockerheit und die Bindekräfte, in der Fachsprache Nährstoff- und Wasserhaltefähigkeit genannt.

Die Durchlüftung ist bei reinem Sand am besten. Allerdings können sich dort weder Nährstoffionen und Wasser gut anlagern, noch finden Mikroorganismen Lebensplattformen.
Beides ist nur bei Tonmineralien möglich, eben in Lehmböden. Hier zeigt sich einmal mehr, dass Extreme nie gut sein können. In reinem Sand können Pflanzen ebenso wenig wachsen wie in reinem Ton. Es ist daher gut, dass Böden stets Mischungen aus unterschiedlichen Substanzen sind.
Je nachdem, wie ein Boden beschaffen ist, muss er auch bearbeitet werden. Hier ist das Fingerspitzengefühl des Gärtners gefragt. Ältere Bauern besitzen dies durch ihre langjährige Erfahrung und kennen ihre Felder. Wenn ich ein neues Feld für Rosen gepachtet habe, bekam ich oft schon guten Rat: „Das ist ein Weißkopf, den darfst du nicht hart werden lassen". Das bedeutete, dass auf dem Feld über den Winter die Erdschollen hell werden. Das ist ein Hinweis auf fruchtbaren kalkhaltigen Boden, der aber, wenn er zu stark austrocknet, schwer zu bearbeiten ist. Der imperative Hinweis „verknutsch den ja nicht" bedeutete, dass ein unerfahrener Landwirt dieses Feld im Frühling für ausreichend trocken halten kann, obwohl es noch zu feucht ist. Ein zu frühes Bearbeiten führt dann zu schlimmer Klumpenbildung, was die Pflanzen und der Gärtner oft ein ganzes Kulturjahr büßen müssen.

Genauso muss man auch im eigenen Garten oft erst über lange Zeit ein Gefühl für die Zeitpunkte und Arten der Bodenbearbeitung entwickeln. Nicht immer trifft man die richtige Entscheidung, aber je mehr man seinen Gartenboden kennen lernt, desto besser weiß man auch, wie er behandelt werden will. Mancher Gärtner erzählt dann gequält von seinem „Minutenboden", aber er weiß dann auch genau: Wenn er ihn in der richtigen Phase bearbeitet, dankt er es ihm das ganze Jahr! Während die Mineralfraktionen sozusagen mehr das technische Gerüst des Bodens bilden, ist der Humus die Grundlage des Bodenlebens und der Fruchtbarkeit an sich. Selbst die Düngung mit synthetischen Nährsalzen benötigt den Humus als Katalysator und Puffer. Wird ein bebauter Boden nur mit synthetischen Düngern (oder auch überhaupt nicht) versorgt, sinkt der Humusgehalt stetig und die Fruchtbarkeit nimmt unaufhaltsam ab, bis zuletzt Erosion und Verkarstung eintreten. Beispiele für schlimme Folgen solchen Raubbaus findet man in der Menschheitsgeschichte genug, angefangen vom alten Rom bis heute zu den Great Plains in den USA. Wenn wir solche Katastrophen verhindern wollen, müssen wir endlich den Humus als unsere Lebensgrundlage erkennen und schützen. Man muss es sich immer wieder vor Augen halten: Humus kann nur durch Humus ersetzt werden!

Das einzige Produktionsmittel,
das nicht beliebig vermehrbar ist,
ist der Ackerboden.

Karl Marx

Praxis.

Bodenpflege und Bodenverbesserung

Am wichtigste ist es, zunächst den eigenen Boden einzuordnen und zu beurteilen. Wer einen Garten pflegt, merkt bald, wie es um den Boden bestellt ist. Sandige Böden sind immer leicht zu bearbeiten, lassen aber bei Hitze selbst Rosen dursten. Tonige Böden sind im Sommer steinhart und im Herbst kaum zu betreten. Je nach Gegebenheit kann man, speziell vor neuen Pflanzungen, dem Boden den jeweils fehlenden Stoff zu seiner Verbesserung zufügen. Bedenkt man, dass Rosen oft 30 Jahre und noch älter werden, ist dies auf jeden Fall eine gute Investition in die Zukunft der Rosen und des Gärtners. Hier ein paar „Verbesserungsvorschläge“ für Ihren Boden.

*1) Auf Sand*böden wächst sie gerne – Rosa pimp. 'Double White'. *2) Auf lehmigen Böden zuhause – die Vorfahren unserer Gartenrosen, hier 'Old Blush'. 3) Auf feuchten Auböden zu finden – 'Rosa virginiana'. 4) Auf Kalkböden zuhause –* Rosa rubiginosa *'Taubertal'.*

Sandböden sind insofern nicht schlecht, weil sie sich recht gut verbessern lassen. Lehm oder Tongranulat – ideal ist Bentonit – gibt ihnen Wasser- und Nährstoffhaltekräfte; gut verrotteter Kompost erhöht die Fruchtbarkeit.
Gerade beim Sandboden ist es besonders wichtig, den Humusgehalt dauerhaft hoch zu halten.

Lehmiger Sandboden bedeutet schon bessere Vorbedingungen, kann aber noch, wie Sandboden, etwas aufgebessert werden.

Sandiger Lehmboden gibt Anlass zur Gratulation. Wenn er jetzt noch etwas humos ist, haben Sie idealen Rosenboden.

Lehmboden oder Marschboden kann noch etwas in der Lockerheit mit Flusssand oder Splitt, noch besser mit Lavasplitt (Schaumlava) verbessert werden, ist aber recht gut!

Toniger Boden ist schwierig zu verbessern, aber nicht unmöglich. Zunächst ist es wichtig zu kontrollieren, ob wenigstens der Wasserabfluss gewährleistet ist. Sonst müssen zuerst Drainagen verlegt werden. Nichts verabscheut die Rose mehr als nasse Füße. Sodann kann man den Boden mit grobem Sand und besonders lockerem Kompost verbessern. Da sich der Boden jedoch schlecht bearbeiten und mischen lässt, ist dies ein langwieriger Prozess. Helfen kann hier auch eine Gründüngung

mit Tiefwurzlern wie Lupinen oder Klee. Bei der laufenden Bodenpflege in schon bestehenden Pflanzungen kann man keine radikalen Verbesserungen mehr machen; es gibt jedoch noch viele Möglichkeiten: Da Rosen sehr tief wurzeln, ist es möglich, mit Hilfe der Rosengabel die Erde (auch nachträglich) regelmäßig zu lockern. Dabei sticht man die schmale zweizinkige Grabegabel nur senkrecht in die Erde und bricht sie mit einer Hebelbewegung auf. Dies lockert den Wurzelbereich auf und bringt Luft hinein.
Gesteinsmehle, die jederzeit aufgestreut werden können, gelangen dadurch auch tiefer in den Boden. Die so genannten Urgesteinsmehle, Gesteinsmehle aus vulkanischem Gestein – nur diese enthalten viel Mineralien –, versorgen die Rosen mit frischen Mineralien und verbessern den Boden dauerhaft. Dabei gilt: Je feiner ein Gesteinsmehl ist, desto schneller und intensiver wirkt es und desto weniger lang hält seine Wirkung an. Dementsprechend werden ultrafeine Gesteinsstäube in geringer Menge, aber mehrfach im Jahr ausgebracht. Gröbere Streumehle wirken oft über mehrere Jahre. Dennoch lohnt sich durch die schnelle Wirkung der Kauf der teuren Feinstmehle, denn mit dem Gesteinsmehle kaufen Sie Oberfläche. Sowohl die Freisetzung der darin enthaltenen Mineralien als auch die Nährstoffspeicherungsfunktionen und vor allem die Besiedlungsmöglichkeiten für Bodenmikroben sind umso höher, je mehr Oberfläche man bietet. Wenn Sie sich vor Augen führen, dass ein Pfund Feinstmehl mehr Oberfläche besitzt als ein Lkw voller Schotter, dann lohnt sich der Preis für das teurere Feinmehl. Die Feinheit der verwendeten Gesteinsmehle ist vom Verwendungszweck abhängig.

1) Lavagranulat lockert den Boden und fördert die Durchwurzlung.
2) Pferdemist und Steinmehl-Mineralstoffdüngung.

Hauptregel ist jedoch:
je feiner, desto wirkungsvoller. Ganz besonders wertvoll sind Gesteinsmehle mit so genannten Zeolithen. Diese Hohlkörperminerale stellen sozusagen schon durch natürliche Verwitterungsvorgänge aufgeschlossene Gesteine dar. In ihnen können sich Mikroorganismen ansiedeln und die Mineralstoffe sind besonders leicht lösbar. In der Praxis ist es sinnvoll, alle zwei bis vier Jahre pro 100 m^2 ca. 5 bis 10 kg gröberes Urgesteinsmehl (Korngröße über 0,05 mm) zur Grundversorgung auszubringen. Alternativ kann man auch alljährlich 0,5 bis 2 kg Feinmehl (Korngröße 0,01 bis 0,05 mm) streuen.
Bei Sandböden sollte man immer Bentonit wählen, eventuell plus Basaltmehl zusätzlich. Bei stark kalkhaltigen oder tonigen Böden ist wegen des höheren Kieselsäuregehalts Granitmehl vorzuziehen. Übersäuerte, moorige Böden bekommen am besten Basaltmehl. Quarzmehlgaben fördern sogar die Lichtausbeute durch das Einfangen von Lichtphotonen. Es wirkt auch bodenreinigend, indem es Krankheiten im Boden unterdrückt. Letztendlich aber ist die genaue Steinmehlart nicht ganz so wichtig. Verlassen Sie sich auf den Rat von Freunden oder Gärtnern oder probieren Sie selbst. Hauptsache ist, dass es sich um Urgesteinsmehl handelt, denn die einzelnen Gesteinsmehle unterscheiden sich im Grunde doch relativ wenig in Grundbestandteilen und Wirkungen.

Gedanken zum Boden

„Was willst du denn mit dem, der hat doch gar nicht genug Klei unter den Füßen.“

Norddeutsche Bauern wollten mit diesem Spruch ihre Töchter eigentlich darauf hinweisen, dass ihr Auserwählter ein armer Schlucker ist. Er offenbart aber auch den besonderen Zusammenhang zwischen Mensch und Boden.
„Aus Erde bist du gemacht, und zu Erde sollst du wieder werden“, steht in der Bibel und in der Zeit dazwischen können wir auch nur Dank der Erde leben. Wie stark dieser Zusammenhang ist, versuchen die Biogärtner oft in ihrem Kreislaufbild darzustellen:
gesunder Boden, gesunde Pflanzen, gesunde Tiere und Menschen. Den wenigsten Menschen ist dies aber in unserer technikgläubigen Gegenwart noch bewusst. Mir selbst erschien es auf einmal in einem ganz neuen Licht, als wir einen neuen polnischen Mitarbeiter hatten, der seine Begeisterung für die fruchtbare Erde in unserer Wetterau in Worte zu fassen versuchte:
„So gute Erde! Kann essen diese Erde!!“

Früher sprach man noch davon, dass jeder Boden einen eigenen Menschenschlag hervorbringt, und letztlich ist es bei Tier und Pflanze genauso: Jeder Organismus ist auf seine Art seiner Umgebung angepasst und dadurch von ihr geprägt und bestimmt. Heute wechseln nicht nur wir Menschen unseren Lebensraum wie einen Pullover, sondern verpflanzen auch die Rosen oft unvermittelt. Ist es da verwunderlich, dass die Rosen Probleme mit ihrer Umgebung haben? Wenn ich eine *Rosa spinosissima*, die von den sturmumtosten Hochebenen Schottlands stammt, ohne jede Wachstumsregung hier in unserer Sommerhitze stehen sehe, fällt mir unvermittelt unsere aus Norddeutschland stammende Nachbarin ein, die dann oft ganz erschöpft stöhnt: „Hier geht ja auch überhaupt kein Lüftchen. Das kenne ich einfach nicht!“ Wir Menschen haben vom Sonnensegel bis zur Zentralheizung alle technischen Möglichkeiten zur Verfü-

Gesunder Boden – Gesunde Pflanzen.

Schaugarten: gesundes Wachstum kommt nur aus gesundem Untergrund

gung, um uns das Leben erträglich zu machen, und die Pflanzen sollen dies einfach so abkönnen. So ist das Wenigste, was wir tun müssen, den Boden zu bedecken und gegebenenfalls zu verbessern, wenn wir fremde Rosen pflanzen.

Rosa rugosa verträgt beispielsweise sogar hohe Salzkonzentrationen, da sie ein Küstenbewohner ist, aber absolut keine zu kalkhaltigen Böden. Dort bekommt sie Eisenmangelchlorose. Als Gärtner ist man daher stets gefordert, für seine Pflanzen die entsprechenden Bedingungen herzustellen, oder, im einfacheren Fall, schon vor der Pflanzung die entsprechenden Rosen für den Standort zu wählen. Dazu kommt natürlich, dass der Boden die Pflanzen auch direkt beeinflusst. Die bereits erwähnte *Rosa rugosa* wird in ihrem angestammten Sandboden an der Küste meist nur 0,5 bis 0,8 m hoch. In fruchtbarem Lehm erreicht sie mindestens 1 m und mehr. So gibt es viele Faktoren, deren Bedeutung man oft erst später erkennt.

Gebet [eines Gärtners]

Herrgott,
richte es so ein, dass es täglich von Mitternacht
bis drei Uhr früh regne,
aber langsam und warm, weißt du, damit es einsickern kann;
doch soll es dabei nicht auf die Pechnelke, das Steinkraut,
Sonnenröschen, den Lavendel und andere Blumen regnen,
die dir in deiner unendlichen Weisheit als trockenliebende
Pflanzen bekannt sind –
wenn du willst, schreibe ich es dir auf ein Blatt Papier auf;
ferner soll die Sonne den ganzen Tag über scheinen,
aber nicht überallhin (zum Beispiel nicht auf den Spierstrauch
und Enzian, noch auf Funkie und Rhododendron) und auch
nicht zu stark; dann möge es viel Tau und wenig Wind geben,
genug Regenwürmer, keine Blattläuse, Schnecken und keinen
Mehltau, und einmal in der Woche verdünnte Jauche mit
Taubenmist regnen.
Amen.

Karel Capek.

Ohne Wasser kein Leben

Von der besonderen Rolle des Wassers im Leben der Rose

Es wäre doch wunderbar, wenn dieses Gebet in Erfüllung gehen würde. Wunschgemäße Versorgung für jede Pflanze! Aber abgesehen davon, dass meine Großmutter Recht hatte, als sie sagte: „Nur gut, dass man am Wetter nichts ändern kann, sonst gäbe es nur durcheinander."

Unsere Rosen haben sich schon von Natur aus darauf eingestellt, sich den Gegebenheiten anzupassen. Die meisten von ihnen wachsen ohnehin auf relativ trockenen und steinigen Standorten, wo sie mit ihren tiefen Wurzeln auch in trockenen Zeiten immer noch tief liegende Wasservorräte nutzen können. Wie alle Pflanzen schränken auch Rosen in Trockenzeiten ihren Wasserverbrauch ein und bringen einfach keine neuen Austriebe oder Blüten mehr hervor. In extremen Trockenzeiten werfen sie sogar im inneren Bereich der Pflanze Blätter ab, schlauerweise die zuerst, weil sie am unwichtigsten sind, da sie weniger Sonnenlicht einfangen.
Rosen können Trockenheit ertragen. Deutlich erkennen kann man dies an der einfachen Tatsache, dass eine Rosenpflanze nie welkt wie eine Rübe oder eine Salatpflanze. Rosen stellen ihren Stoffwechsel einfach auf Sparflamme und warten ab. In Ländern, die immer ausgeprägte Trockenzeiten im Sommer haben, wie Italien oder Spanien, machen viele Pflanzen einfach eine Sommerpause durch und wachsen und blühen dann noch einmal besonders schön im Spätherbst, nachdem wieder Regen gefallen ist. Uns in Deutschland fällt das nur in besonders trockenen Sommern auf. Wasser ist natürlich dennoch das Lebenselixier schlechthin, auch für die Rose. Es ist der Trägerstoff für den gesamten Stoffwechsel der Pflanze. Noch mehr als das Blut der Tiere ist der Saftstrom der Pflanze vom Wasser geprägt. Ohne eine separate Pumpe befördert die Pflanze damit alleine durch die Kapillarität und durch Druckwechsel über den Salzgehalt alle lebensnotwendigen Stoffe. Gerade deshalb ist die Verfügbarkeit von Wasser entscheidend für alle Lebensvorgänge.

Auch die Lebensvorgänge im Boden sind entscheidend vom Wasser abhängig. Auch daran liegt es, dass im Frühling das Wachstum am stärksten hervortritt. Der Winter hat ausreichend Feuchtigkeit gebracht, und die Bodenlebewesen haben bereits lange vor den Pflanzen ihre Tätigkeit aufgenommen. Jetzt steht alles reichlich zur Verfügung, und unsere Rosen nutzen den feuchten Frühling in Verbindung mit der Sonne, um kräftig zu wachsen. Aufbau ist angesagt, der aber schon Ende Mai in die Anlage von Blüten übergeht.

Ist der Mai kühl und nass,
füllt er dem Bauern
Scheuer und Fass!

Bauernregel

Diese alte Weisheit hat ihren Grund. Im Jahr 2007 konnte man sehen, wie ein trockenes Frühjahr unvermeidlich zu starken Ernteausfällen führen kann. Zur eigentlichen Blütenbildung im Juni braucht die Rose dann wieder mehr Sonne, also Energie, um ihre Lebensaufgabe der Vermehrung, nämlich Blüten- und Fruchtbildung, anzugehen. Ist diese generative Phase so weit erledigt, entscheidet das Angebot an Wasser wiederum über die Bildung neuer Triebe im Spätsommer. Alten Gärtnern ist noch der „Johannistrieb" ein Begriff, der Start der zweiten Wachstumsperiode nach der Sommersonnenwende.
Gerade bei den halbstrauchartigen Rosengewächsen (nämlich bei der Rose selbst ebenso wie bei Himbeere und Brombeere) dient dieser zweite Austrieb dazu, die Grundlage für das nächste Jahr zu schaffen. Besonders kräftige Basistriebe schießen aus der Basis der Pflanze hervor und überragen dann im Herbst oft die gesamte Pflanze. „Der Johannistrieb bringt erst die Pflanzenqualität" ist einer der Lehrsätze über die Rosenkultur, die mir mein Vater mitgegeben hat. Wenn im Herbst die verkaufsfähigen Rosen nach der Triebzahl und damit der Qualität sortiert werden, zählen oft nur diese kräftigen Triebe. Speziell bei kletternden Sorten sind die „Angelruten" die Grundlage für die nächstjährige Blüte. Um diese Langtriebe bilden zu können, ist natürlich auch genug Wasser notwendig.

Finden können die Rosen das Wasser auch in größeren Tiefen – mit ihren bis zu mehreren Metern tiefen Wurzeln ist das kein Problem –, aber vorhanden sein muss es. Lehmige Böden speichern Wasser hervorragend, kiesiger Untergrund lässt es dagegen rasch versickern. Wenn dann jedoch der Grundwasserstand recht hoch ist, zapft die Rose diesen direkt an. Und selbst in Ruhephasen ohne Wachstum, im Winter, ist Wassermangel das Schlimmste, was der Rose passieren kann.
Frost alleine überstehen die meisten Rosen. Wirklich schlimm ist die so genannte Frosttrocknis, die Verbindung von Wassermangel und Frost.
Wer einmal eine trocken gefrorene Ackerkrume nach einem längeren Kahlfrost gesehen hat, erahnt, was eine Pflanze wie die Rose mit ihren grünen, ungeschützten Trieben im Frost aushalten muss. Daher ist Frostschutz immer auch Windschutz und Wässern von trockenen Pflanzen im Herbst oft sehr wichtig.

Rauhreifkristalle im Januar

Beregnung von Topfpflanzen – Giessen über Kopf sollte man nur in den frühen Morgenstunden, um Pilzerkrankungen zu vermeiden

Rosentopfkultur mit wassersparender Tropfbewässerung – hier kann man zu jeder Tageszeit giessen

Wenn wir im Winter bei Frost Rosen in Töpfe setzen, ist es am wichtigsten, diese unverzüglich zu wässern, bevor sie einfrieren.
Eine besondere Verantwortung hat der Gärtner gegenüber der wurzelnackten Rose, denn da die Rose keinerlei Speicherknolle besitzt, ist sie gegen Austrocknen besonders empfindlich. Vom Zeitpunkt des Ausgrabens der Pflanze bis zum Wiedereinpflanzen muss sie stets gut feucht gehalten werden. Kontrollieren Sie daher bei gekauften Pflanzen, ob sie gut feucht gehalten sind, und ob das Holz noch glatt und straff ist. Die Rosen vor dem Pflanzen zu wässern, ist immer sinnvoll. Dabei die Pflanze komplett (mit Ästen) circa fünf bis zehn Stunden untertauchen.

Bei so viel Bedeutung des Wassers ist natürlich seine Qualität besonders ausschlaggebend. Die besten Wasserquellen sind für die Rosen die natürlichen, wie der Regen. Brunnenwasser zum Gießen sollte auf jeden Fall untersucht werden, denn schon oft haben hier zu viele Mineralstoffe von Kalk bis zu Salzen Probleme hervorgerufen. Speziell wenn man oft gießen muss, wie bei Topfpflanzen, kann zum Beispiel Kalkwasser zu Eisenmangel führen.
Unzählige Faktoren hängen von den Zusatzbestandteilen des Wassers und von seinem energetischen Zustand ab. Wasser ist in der Lage, Informationen zu speichern. Je nachdem, woher es kommt, verhält es sich anders. Besonders deutlich wird dies in den Kristallformen des Wassers, denn erstaunlicherweise gleicht keine Schneeflocke exakt einer anderen, und je schlechter das Wasser ist, desto schlechter funktioniert die Kristallbildung.

Kurzum: Gutes Wasser ist für die Rose genauso wesentlich wie für den Menschen.

Praxis.

Die Wasserversorgung

Beim Gießen ist es so wie bei vielen andern Arbeiten im Rosengarten: Am besten ist es, wenn man es nicht muss! „Giessen ist kein Regen“, lautet die Gärtnerweisheit. Wie so viele Sprüche hat auch dieser seinen Sinn. Zum einen fehlt natürlich immer das typische Luftklima, welches ein Regenguss mit sich bringt, und zum anderen ist es oft kaum sinnvoll, die oberste Bodenschicht zu befeuchten, während die Rose sich ihr Lebenswasser in 6 m Tiefe holt. Es gilt daher, zunächst die natürlichen Möglichkeiten zu nutzen. Im Normalfall kommen unsere Gartenrosen, genauso wie die Wildrosen, mit den normalen Niederschlägen aus. Selbst bei uns in der regenarmen Wetterau mit jährlich 500 bis 600 mm Niederschlag ist dies kein Problem. Es gilt lediglich, Verluste zu vermeiden. „Einmal hacken ist so gut wie dreimal gießen“, ist die nächste dazugehörige Devise. Offener Erdboden trocknet immer weiter aus in der Sonne. Wenn man jedoch die oberste Bodenkrume durchbricht, bleibt die Erdfeuchte im unteren Boden gespeichert. Noch besser ist, wenn der Boden mit Mulchmaterial bedeckt wird, und sogar ein Bewuchs mit niedrigen Kriechpflanzen wie Erdklee oder anderen Gartenstauden ist besser als blanker Boden.

Nichtsdestotrotz kann man mit dem Gießen bei Trockenheit natürlich das Wachstum und die Bildung eines zweiten Blütenflors fördern. Zudem fördert Trockenstress den Befall mit Echtem Mehltau, was man durch Gießen verringern kann. Hier gilt es aber, die tiefen Wurzeln der Rose zu berücksichtigen. Es muss ausreichend und lange gewässert werden, damit das Wasser überhaupt tief unten ankommt. Ideal ist eine Tröpfchenbewässerung. In Einzelfällen, wie bei Kletterrosen an trockenen Hauswänden, kann man sich behelfen, indem man den Gartenschlauch an ihren Wurzelbereich legt und das Wasser dann drei bis sechs Stunden ganz langsam tröpfeln lässt. Der Vorteil ist, dass eine solche Tropfkur leicht zwei bis drei Wochen anhält! Ausnahmen sind natürlich Topfrosen, die in ihrem beschränkten Wurzelbereich immer mit Wasser versogt werden müssen, und frisch gepflanzte Rosen, deren Wurzeln noch nicht tief sind. Doch selbst hier gilt weniger ist mehr, denn einer im Herbst oder zeitig im März gepflanzten Rose reicht ein guter Schluck zum „Wurzelschluss“ im Pflanzloch und etwas lockere Erde zum Anhäufeln oft völlig aus. Nur bei starker Trockenheit muss man noch weitere Male gießen.

Neuer Basistrieb an einer verkahlten Kletterrose. Dies ist ein sogenannter Wassertrieb.

Gedanken zum Wasser

Dass Wasser ein besonderer Stoff ist, lernt man bereits in der Physik, wenn es um die „Anomalie des Wassers" geht. Es ist der einzige Stoff, der nicht bei Kälte stets schrumpft und sich bei Wärme ausdehnt. Es besitzt seine größte Dichte bei 4 °C und dehnt sich darüber und darunter aus. Alleine diese Tatsache ist für viele Lebensfunktionen des Wassers erheblich. Nur dadurch gefrieren Gewässer von oben zu und nicht am Grund zuerst, was sonst viele Wassertiere das Leben kosten würde. Würde ein Physiker Wasser aufgrund seiner Dichte (molare Masse) berechnen, so läge sein Gefrierpunkt bei –100 °C und sein Siedepunkt bei –80 °C.
Demzufolge verfügt es also über physikalische Eigenschaften, die sonst Methangas hat, aber bei einem völlig anderen Siede- und Gefrierpunkt. Wasser ist aufgrund seiner Austauschkapazität und der Oberflächenspannung der ideale Trägerstoff für Mineralien und Nährstoffe sowie Mikroorganismen. In der Natur kommt es ohnehin nur mit Mineralien zusammen vor.

Nicht umsonst ist bekannt, dass alles Leben auf unserem Planeten, wenn nicht sogar im Wasser, dann doch nur zusammen mit ihm entstanden ist. Seine Spur zieht sich durch alle Lebensvorgänge, und letztendlich wird es als das Leben an sich betrachtet. Die ersten Rosen entstanden auf der Erde als Venus dem Meere entstieg und der Meeresschaum auf die Erde fiel. Wenn wir unsere heutigen Evolutionskenntnisse im Zeitraffer zusammenschieben würden, kämen wir fast auf das gleiche Bild – nur eben nicht so poetisch. Wasser ist einfach ein besonderer Stoff, und auch die Rose wird von ihm bestimmt.

Wasser und Rosen, zwei markante Gestaltungselemente, Exhibition Rosegarden in Los Angeles

Jede kleinste Gegebenheit der Umgebung spiegelt sich im wahrsten Sinne des Wortes im Wasser wider. Als so genannter Schwingungsträger nimmt Wasser alle „Informationen" auf, denen es auf seinem Weg durch die Natur ausgesetzt ist, und gibt sie an alle Organismen weiter. Nicht allein die stofflichen Verunreinigungen unserer Umwelt, auch negative Schwingungen spiegeln sich buchstäblich darin. Genauso gibt es aber positive Energien weiter. Wasser, das Lebenselixier!

Dass die Rose dir zum Beispiel werde!
Sonne, Tau und süßen Wind von Osten
Allen Glanz und alles Glück der Erde
Weiß sie frei und unbesorgt zu kosten.
Des Propheten Weisheit braucht sie nicht
Denn sie lebt ja so, wie jener spricht.

Hafis/Muhammad Schams ad-Din
(1326-1390)

Luft zum Atmen

Über die Atmosphäre und das Atmen der Rose

Luft brauchen alle Pflanzen und Tiere. Für Pflanzen ist der wichtigste Nährstoff in der Luft das Kohlendioxid. Es dient ihnen als Kohlenstoffquelle und somit zum Aufbau ihrer Körpersubstanz. Oft vergisst man, dass Pflanzen, und damit auch die Rosen, Sauerstoff zum Atmen brauchen. Natürlich erzeugen sie bei der Photosynthese mehr Sauerstoff, als sie verbrauchen. Dennoch atmen sie auch und benötigen, speziell in der Nacht, Sauerstoff. Noch wichtiger ist die Tatsache, dass sie keine Atmungsorgane besitzen wie die Tiere, und es fehlt ihnen die Transportmöglichkeit für Sauerstoff innerhalb ihres Körpers. Die notwendige Luft muss also immer dort vorhanden sein, wo sie in der Pflanze benötigt wird, auch an der Wurzel!

Nur wenige Pflanzen können ohne Luft im Wurzelbereich existieren, und dies haben sich Hilfskonstruktionen gebaut, wie die hohlen Stängel der Seerose oder die Atemknie der Sumpfzypressen, die man aus den Sümpfen Floridas kennt. Unsere Rosen sind nicht sumpftauglich; ihre Wurzeln sterben unter Luftabschluss binnen weniger Tage ab. Atemluft ist also auch im Boden besonders wichtig, sowohl für die Pflanze selbst als auch für das Bodenleben, von dem später noch die Rede sein wird. In den oberen Pflanzenteilen wird die Atemluft über so genannte Spaltöffnungen an der Blattunterseite ins Pflanzengewebe geführt und dort aufgenommen, tagsüber mehr Kohlendioxid, nachts auch Sauerstoff. Allein dafür ist natürlich eine gute Durchlüftung wichtig. Noch wichtiger ist aber die Durchlüftung, um ein zügiges Abtrocknen der Blätter nach Regen zu ermöglichen. So wird den Schadpilzen, welche den Blättern der Rose gerne zusetzen, die Möglichkeit des Wachstums entzogen.

Zu kräftiger Wind kann auch schaden, allerdings nur rein mechanisch oder aber bei Frost, wenn er das Vertrocknen der Pflanze fördert. Frost allein wegen zu tiefer Temperaturen kann höchstens einigen wenigen Abkömmlingen der China-Rosen gefährlich werden. Viel öfter vertrocknen Pflanzen während des Frostes. Die relativ weichen Triebe der Rosen, welche grünes Holz besitzen, verdunsten auch über das Holz Wasser. Ist das Holz gefroren, kann die Rose keine Feuchtigkeit mehr nach oben pumpen und vertrocknet während des Frostes. Wie stark diese Frosttrocknis sein kann, sieht man nach Kahlfrösten an der trocken gefrorenen Erdkrume.

Frostschaden an Stammrose

Praxis.

Die Luftführung

Die unerlässliche Belüftung des Bodens ist eine der vordringlichen Aufgaben der Bodenbearbeitung. Bei verdichteten Böden kann vor dem Pflanzen gar nicht tief genug gelockert werden. Eine tiefe Bodenlockerung wirkt oft noch jahrelang positiv nach. Jeder kennt das Problem, dass sich verfüllter Boden beim Hausbau trotz künstlicher Verdichtung noch zehn Jahre später setzt. Was in der Hofeinfahrt lästig sein kann, ist für die Rose positiv. Als bekannter Tiefwurzler nimmt sie diese Verbesserung dankend an.

Achten sollte man bei solchen tief greifenden Grabaktionen darauf, die vorhandenen Bodenschichten zu belassen. Wenn man „das Unterste zuoberst" kehrt, werden die Bodenorganismen eklatant gestört. Dauerhafter erhalten kann man diese Lockerung noch, wenn man bei zu feinen Böden Flusssand oder Splitt einmischt. Das Wichtigste ist aber auch hier ein intaktes Bodenleben. Letzten Endes sichtbar wird dies an den Regenwürmern, die metertief graben und so dem Gärtner viel Arbeit ersparen. Zusätzlich kann unter bereits stehenden Rosen der Boden mit der Rosengabel gelockert werden. Hierbei genügt es, die Rosengabel einzustechen und durch eine Bewegung nach hinten den Boden aufzubrechen. Da Rosen in den obersten Bodenschichten keine Feinwurzeln haben, ist dies ungefährlich.

Die Durchlüftung der oberirdischen Pflanzenteile ist normalerweise von selbst ausreichend. Man sollte aber bei der Gartenplanung beachten, dass vom Wind schlecht durchlüftete Standorte und zu enge Pflanzungen leichter von Pilzkrankheiten heimgesucht werden. Das Entfernen zu enger Staudenpflanzungen und ein guter Auslichtungsschnitt können hier hilfreich sein.

Rosengabel – handliche schmale Grabegabel zur Erdlockerung im Rosenbeet

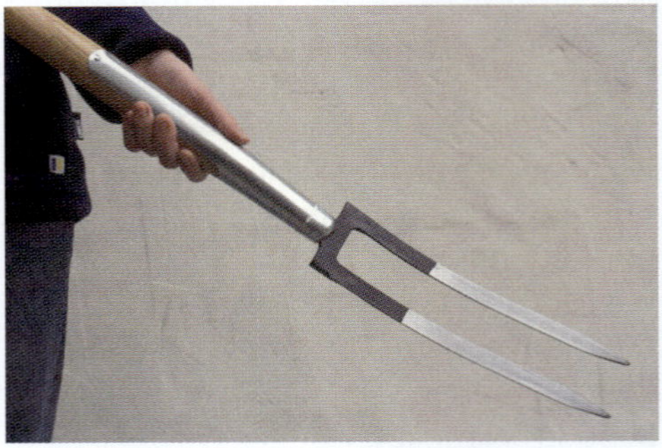

Der Frostschutz bei Rosen

Frostschutz ist immer Windschutz. Fehl am Platze sind Plastikfolien, da die Pflanzen darunter schwitzen und sogar faulen können. Ganz schlimm sind Tage mit Sonnenschein, an denen es unter der Folie heiß wird, mit darauf folgenden Frostnächten. Geeignet sind alle Materialien, die Windschutz bieten, aber dennoch diffundieren, also einen Feuchtigkeitsausgleich ermöglichen. Was Sie benutzen, können Sie von der Verfügbarkeit und von der guten Anwendbarkeit abhängig machen.

Stamm mit Winterschutz

Hier sind einige Materialien in der Reihenfolge, wie sie sich hinsichtlich der Schutzwirkung bei uns am besten bewährt haben:

- Tannenreisig
- Jutegewebe oder Flachsvlies
- Schilfrohrmatten
- Kunststoffvlies

Die andere Methode ist das Anhäufeln der niedrigen Rosen. Dies ist heute nur noch bei empfindlichen Sorten nötig, da man ohnehin beim Pflanzen schon die Veredlungsstelle in die Erde setzt. Eine althergebrachte Methode, die immer weniger praktiziert wird, ist das Umbiegen der Bäumchen auf den Erdboden und das dortige Abdecken. Es ist die sicherste Methode, um Rosenbäumchen zu schützen, welche sonst mit der Veredlungsstelle doch meist dem kalten Wind ausgesetzt sind. Das Rosenbäumchen sollte man stets in die gleiche Richtung umlegen, nämlich über den Knopf am Stammansatz hinweg. Dadurch bildet sich ein schöner Bogen, und der Stamm bricht nicht. Wichtig ist dabei, lediglich vorsichtig unten am Stammumsatz zu drücken, anstatt oben einfach zu ziehen, und sich schon Befestigungsmaterial bereitzulegen, mit dem man den Stamm fixiert. Danach wird die Krone des Rosenbäumchens mit Laub, Reisig oder Vlies zugedeckt.

Grundsätzlich muss man nicht alle Rosen einpacken, lediglich die China- und Noisette-Rosen. Eventuell sollte man noch einige Moschus-Rosen im Auge haben. Bei den modernen Rosen sind es einige der gelben Rosensorten. Im Laufe der Zeit lernt man auch hier seine Kandidaten kennen, sofern man es nicht schon aus dem Katalog weiß.

Frostschaden durch zu tiefe Temperatur – 'Gertrude Jekyll' nach –28 °C

Grundsätzlich muss man nicht alle Rosen einpacken, doch ein guter Frostschutz kann nie schaden.

Manchmal verhilft ein strenger Winter der Rose auch zu einer Zwangsverjüngung. Eine Bekannte von uns traute sich immer nicht, ihre Moschus-Rosen zu schneiden. Als diese in einem etwas strengeren Winter zurückfroren, sagte sie im Sommer zu mir: „Im Frühjahr habe ich fast geheult, weil ich die Rosen auf 20 cm zurückschneiden musste. Jetzt muss ich sagen:
So üppig und gesund wie dieses Jahr waren sie schon lange nicht mehr!"

Rosen im Topf überwintern ebenfalls am besten draußen, entweder im Garten mit Laub abgedeckt oder in einer geschützten Ecke auf dem Balkon. Hier sollte man dann die ganze Pflanze mitsamt Topf einhüllen, da auch die Wurzeln durch die Topfwand dem Frost stärker ausgesetzt sind als im Boden. Man kann Rosen in Töpfen auch in Räumen überwintern, dann allerdings in kalten Kellern, Gartenhütten, Schuppen oder Garagen. Dort können Sie ruhig dunkel stehen, da sie ohnehin Ihr Laub abwerfen. Wichtig ist es, dafür Sorge zu tragen, dass der Topfballen nicht austrocknet. Vergessen Sie also auch dort das Gießen nicht ganz!
Speziell in den Frostperioden tritt oft Trockenheit ein, danach sollte stets gegossen werden. Wichtigster Punkt ist dann der Zeitpunkt des Zurückstellens ins Freie. Achten Sie bereits Mitte Februar darauf, wie der Winter weiter verläuft. Sowie eine Woche Frostfreiheit ansteht, können Sie Ihre Rosen bereits wieder an die Freiheit gewöhnen. Direkt beim Ausräumen sollten Sie die Rosen zurückschneiden und vor allem die frostempfindlichen „Spargeltriebe", welche sich im Dunkeln manchmal bilden, entfernen. Nach wenigen Tagen an der frischen Luft vertragen Sie bereits wieder leichte Nachtfröste. In den ersten Wochen ist ein geschützter, eher sogar schattiger Standort von Vorteil.

Radikalschnitt nach extremem Frost 2009, dennoch treiben die Rosen aus der Veredlungsstelle.

Gedanken zur Luft

Luft ist das ätherische Element, das alle Lebewesen umgibt und das alle Lebewesen brauchen. Wie gut tut doch ein tiefer Atemzug in der frischen Luft! Hier sehen wir schon den Unterschied: Während wir aktiv unsere Atemluft aufnehmen, sie regelrecht in uns hineinsaugen, ist unsere Rose als Pflanzenwesen darauf angewiesen, dass die Luft einfach um sie ist.
„Die Rose weiß die Luft unbesorgt zu kosten", stellte der persische Dichter schon im 14. Jahrhundert fest. Die ganze Physiologie der Rose ist auf das Umspielen ihrer Gestalt mit Luft ausgerichtet. Dadurch ist sie aber auch umso mehr darauf angewiesen, die Luft immer verfügbar zu haben.

Selbst in der Erde muss sie stets vorhanden sein, sonst ist kein Wachstum möglich. Auch der Habitus der Rose verändert sich mit der Atmosphäre: In sturmgepeitschten Lagen wachsen die Rosen niedrig, teils kriechend, während sie sich in windstillen Lagen aufrichten. Selbst gleiche Sorten variieren dabei in der Wuchshöhe, je nach Standort, um das Doppelte. So ist die Luft in vielerlei Hinsicht ein bestimmender Faktor für die Gestalt der Rosen.

Noch wenig erforscht ist die Eigenschaft der Luft, auch Botschaften zwischen Pflanzen auszutauschen. Offensichtlich gibt es aber solche Möglichkeiten. Von einigen Bäumen weiß man bereits, dass sie, wenn sie von Giraffen angefressen werden, Botenstoffe ausscheiden. Diese Stoffe warnen andere Bäume, woraufhin sie Giftstoffe produzieren, welche die Giraffen vom Fressen abhalten.
Alleine die Pollen, die unsere Rose meist den Insekten zur Bestäubung anvertraut, die aber bei Gräsern alleine vom Wind verbreitet werden, sind ein Beispiel für die Ausnutzung der Luft.

Ein wahrer Gärtner ist nicht ein Mann der Blumen kultiviert,
er ist ein Mann, der die Erde kultiviert...
Wenn er in den Garten Eden kommt,
würde er all die Blütenpracht kaum eines Blickes würdigen.
Stattdessen würde er die Nase heben,
aufgeregt schnuppern und sagen:
„Oh Gott, was für ein Humus!“

Karel Capek (1890–1938)

Die Humussphäre

Vom organischen Umfeld im Wurzelbereich und über das Düngen

Die Ernährung der Rosenpflanze

Ist Ihnen schon einmal aufgefallen, was ein Gärtner macht, wenn Sie ihm eine Topferde zeigen? Er nimmt eine Handvoll, um nach einem prüfenden Druck sofort seine Nase hineinzustecken: sensorische Prüfung. Karel Capek hat den Gärtnern hier wirklich in die Seele geblickt. In der Praxis des Gärtnerns wird die Bodenqualität aber heute meist anders bestimmt: mit chemischen Analysen.

Seit Justus von Liebig wissen wir, dass Pflanzen neben Kohlendioxid aus der Luft Mineralsalze aus dem Boden aufnehmen und durch Photosynthese daraus mit Hilfe des Sonnenlichts neue Substanz aufbauen. Im Grundsatz ist dies richtig, doch das Fatale an dieser Erkenntnis ist, dass mittlerweile fast alle anderen Tatsachen übersehen oder gar geleugnet werden.

Böden werden reichlich mit synthetisierten Mineraldüngern bestreut, und oft ist es nur der Auswaschung vieler dieser Stoffe durch den Regen in unser Grundwasser zu verdanken, dass die Böden nicht wie in Indien versalzen und unfruchtbar werden. Selbst viele biologisch arbeitende Gärtner sind der Meinung, dass die gesamte organische Substanz zunächst „mineralisiert“ werden muss, bevor sie von der Pflanze wiederum als Mineralsalz aufgenommen werden kann. Die wenigsten Menschen wissen, dass Pflanzen sich auch direkt vom Humus ernähren. Durch die Endozytose sind Pflanzen in der Lage, Bestandteile aus dem Humus und sogar ganze Mikroorganismen aufzunehmen.

Natürliches Bodenprofil mit dicker Humusschicht.

Liebig selbst hat in späteren Jahren ganz andere Erkenntnisse gewonnen, wie man in seinen „Chemischen Briefen“ nachlesen kann:

In der That gelingt es nicht, einem völlig erschöpften Felde durch Einverleibung von ausgekochten Sägespänen oder von Ammoniaksalzen, oder durch beide zusammen die Fähigkeit wieder zu geben, dieselbe Reihe von Ernten zum zweiten- und drittenmal zu liefern. Wenn diese Stoffe die physikalische Beschaffenheit des Bodens verbessern, so üben sie einen günstigen Einfluss auf die Erträge aus; allein ihre Wirkung ist zuletzt immer die, dass sie die Erschöpfung der Felder beschleunigen und vollständiger machen.
Der Stallmist stellt aber die Fähigkeit des Feldes, dieselben Reihen von Ernten zum zweiten, dritten und hundertsten Male zu liefern, auf das Vollständigste wieder her; der Stallmist hebt den Zustand der Erschöpfung des Feldes je nach seiner Quantität völlig auf, seine Zufuhr macht das Feld fruchtbarer, in vielen Fällen mehr als es je gewesen ist.

Justus von Liebig,
Chemische Briefe, 44. Brief

(Anmerkung: Stallmist ist eine Frage der Verwendung und Umsetzung. Schlechter und falsch angewendeter Mist kann sogar schaden. Daher rührt die überhebliche Aussage „Mist ist Mist“ mancher überzeugter Anwender von Chemiedüngern. Richtig angewendeter Mist wirkt wie es Liebig sah!)

Kompostwurm im Pferdemist. Diese Wurmart ernährt sich von Kompostpilzen.

Es ist ein erklärbarer Vorgang, dass eine Rosenpflanze, wenn sie Salze aufnimmt, auch Wasser aufnehmen muss, wodurch sie schnelles Wachstum zeigt. Dies ist bei den Schnittrosenkulturen die übliche Methode. Gefragt sind große, prächtige Blumen, und das optimale Wachstum inklusive der gewünschten Eigenschaften wie Farbintensität und Haltbarkeit. Dies wird mit exakten Gaben von synthetischen Düngesalzen und chemischen Pflanzenschutzmitteln gesteuert.
Die Ernährung der Rosen und aller Pflanzen erfolgt aber tatsächlich nur zu einem geringen Teil durch die direkte Aufnahme von Salzen. Im Boden um die Wurzeln laufen vielfältige, komplizierte Vorgänge ab, die viel Ähnlichkeit mit den Verdauungsvorgängen im Darmtrakt haben. Es werden Stoffe gelöst und umgeformt, zwischen Mikroben, Pilzen und Pflanzenwurzeln bestehen unterschiedlichste, symbiotische Zusammenhänge. Sie tauschen nicht nur Salze aus, sondern eben auch ganze Plasmateile und kleinere Zellen. Vielfach werden solche Vorgänge durch das Bilden von Enzymen, den Katalysatoren des organischen Lebens, gesteuert. Stellt man der Rose stattdes-

sen künstliche Düngesalze im Übermaß zur Verfügung, so muss dieses Wachstum stets ein Ungesundes bleiben. Letztendlich sind mit Hilfe hoher Mengen Mineraldünger gezogene Rosen nichts anderes als die aufgequollenen Fastfood-Konsumenten unter den Menschen, bestenfalls noch die synthetisch gefütterten Bodybuilder. Gesundes Wachstum kann nur durch das Zusammenspiel aller Organismen im Boden entstehen. Gesunde Rosen sind nicht die perfekt gestylten Mannequins, sondern die, die ihre Schönheit mit Robustheit vereinen. Die dazu benötigten Faktoren sind so vielfältig, dass bis heute niemand alle herausgefunden hat, geschweige denn ihre Wechselwirkungen kennt. Dennoch, oder vielleicht gerade deshalb, gibt es kaum etwas Faszinierenderes als die Vorgänge in unserem Mutterboden. Gott sei Dank gibt es einige Autoren, die diese Erkenntnisse unermüdlich weiterzutragen versuchen. Im Anhang finden Sie einige Literaturhinweise, angefangen vom „Vater" der Bioland-Bewegung, Hans Peter Rusch, bis zu Erhard Hennig und Herwig Pommeresche. Aber seien Sie versichert, es gibt nichts Erkenntnisreicheres, als seine Nase in den eigenen guten Gartenboden zu stecken!

Hier nun **eine Kurzfassung der wichtigsten Punkte der Bodenbiologie:**

Humus: Humus ist der geheimnisvolle Stoff, aus dem neues Leben erst entsteht. In Kapitel „Boden" hatte ich es bereits erwähnt: Mein Vater brachte es immer mit dem oberhessischen Spruch „Humus is, was en goure Bourrem hu muss" auf den Punkt, was übersetzt bedeutet:
Humus ist, was ein guter Boden haben muss. Oft wird der Humus reduziert auf seinen Ursprung: Er entsteht aus totem organischem Material. Wie wenig man ihm und seiner Lebensfunktion mit dieser Definition gerecht wird, zeigt sich am Torf: Torf ist 100 Prozent organische Substanz, aber er ist absolut tot. Dadurch ist er der ideale Grundstoff für Topferden: unkraut- und keimfrei, mit einer stabilen Struktur, die sich nur langsam zersetzt, und durch Zusetzen von Kalk, Ton und Dünger beliebig für jede Kultur einstellbar. Mir ist immer noch unser Nachbar in Erinnerung, der seinen kiesigen Lehmboden alljährlich mit zehn Ballen Weißtorf auf 200 m² „verbesserte". Er hielt den Boden dann stets bearbeitet und offen (Schwarzbrache). Nach fünf Jahren dieser Bearbeitung war er so schlecht wie zuvor und vom Torf war nichts mehr zu sehen. Echter Humus entsteht erst durch das Zusammenspiel von diesem toten Material, den Mikroorganismen des Bodens und den Tonteilchen.

Gesunde, lebendige Topferde mit organischer Düngung

Dadurch entstehen die Ton-Humus-Komplexe, die das eigentliche Geheimnis der Bodenfruchtbarkeit bergen. Der Bioland-Mitbegründer Rusch bezeichnete Humus treffend als „primitives Gewebe", einem Zusammenspiel vieler Faktoren, die letztendlich aus dem Boden eine Art eigenständigen Organismus erschaffen können. Im Humus wirken nämlich nicht nur eigenständige einzellige Organismen. Es finden sich darin sogar freie Endformen des Plasmas, die wiederum direkt von den Pflanzen aufgenommen werden können. Auf diese Energie sparende Weise können Pflanzen Zellsubstanz direkt aufnehmen, ohne sie neu aufbauen zu müssen. Es kommt zu einem „Kreislauf der organischen Substanz". Wissenschaftlich nachgewiesen wurde er erst 1993 durch die Entdeckung der Endozytose bei Pflanzen durch Bargyla Rateaver. Erkannt hat ihn bereits Goethe, als er sagte: „Der Tod ist der Kunstgriff der Natur, neues Leben zu schaffen.

Diese geheimnisvollen Vorgänge im Boden sind noch längst nicht vollständig erforscht; immer noch müssen viele Erkenntnisse streng betrachtet als Theorien gelten. Als Stichworte seien hier die Endosymbiontentheorie und die Gaia-Hypothese genannt. Wer sich aber nur ein wenig in diese Vorgänge eindenkt, wird erkennen müssen, dass der Mensch sich mit seinen Eingriffen in die Umwelt, angefangen von

Verschlämmtes Ackerland in Rosenkulturen, hier hat das Bodenleben wenig Chancen.

der synthetischen Düngung bis zur Gentechnik, benimmt wie der Zauberlehrling in Goethes Faust. Immer noch werden der Humus und seine Rolle unterbewertet. In dem stetigen Wechselspiel der Natur zwischen Aufbau und Abbau bildet der Humus den Puffer, das Reservoir, aus dem das neue Leben entstehen kann. Seine Existenz gewährleistet die Kontinuität des Wachstums. Er ist das wahre Geheimnis der Bodenfruchtbarkeit.

Das Bodenleben: Plankton ist Ihnen sicher ein Begriff. Es ist der Sammelbegriff für die Kleinstlebewesen im Wasser. Jeder weiß, dass selbst das größte Tier der Erde, der Blauwal, sich von Plankton ernährt. Edaphon, den Sammelbegriff für das Bodenleben, kennt kaum jemand. Dabei ist dieses Edaphon für uns Landbewohner genauso wichtig wie das Plankton für die Meeresbewohner. Erst das Vorhandensein dieser Kleinstlebewesen ermöglicht alles andere Leben. Erstaunlich ist die Anzahl dieser Kleinlebewesen: Ein einziger Quadratmeter Boden kann mehr Organismen enthalten als Menschen auf unserem Planeten leben!

Jede organische Düngung zielt nur darauf ab, dieses Bodenleben zu ernähren und zu fördern, damit es wiederum die Pflanzen ernähren kann. Pflanzen unterhalten vielfältige Wechselbeziehungen zu den Bodenlebewesen und ernähren sich dadurch. Teilweise geben Pflanzen sogar Zucker (also mühsam durch Photosynthese gewonnene Kohlehydrate) durch die Wurzeln an Mikroorganismen ab, die der Pflanze dafür wichtige Mineralien liefern, die sie nicht selbst lösen kann. Praktisch alle Pflanzen leben in einer symbiotischen Gemeinschaft mit einer so genannten Rhizosphärenflora, einer speziellen Bak-

Organischer Rosendünger-gekörnt und leicht auszustreuen

terienflora, die ihnen die Ernährung erst ermöglicht. Interessanterweise ist diese Bakterienflora nahezu identisch mit der tierischen (und menschlichen) Darmflora. Nicht nur sinnbildlich ist die Erde also der Verdauungstrakt der Pflanzen. Die wichtigsten Vorgänge dabei leisten für das Auge unsichtbare Mikroben. Die erste offen sichtbare Stufe der Zersetzung organischer Substanz wird meist von den Pilzen geleistet. Schimmelpilze (Aktinomyceten) zersetzen organische Substanz und stellen dabei Enzyme her, welche die Pflanzenwurzeln aufnehmen. Der Pilzrasen wird von Regenwürmern gefressen und deren Kot enthält wiederum wertvolle Pflanzennährstoffe. Die Regenwürmer sind einer der größten und auffälligsten Vertreter des Bodenlebens; ihre Tätigkeit ist oft deutlich sichtbar. Vollends erstaunlich ist ihre Zahl. Ein guter Ackerboden kann leicht 2 000 kg davon pro Hektar enthalten. Zum Vergleich: Die Population auf einem synthetisch, ohne organische Substanz gedüngten Acker sinkt bis unter 500 kg/ha und ein extrem gut organisch versorgtes Feld kann über 3 000 kg beherbergen. Von der gleichen Fläche kann sich etwa eine Kuh ernähren, wenn man diese Kuh mit 750 kg Körpergewicht ansetzt. So erkennt man, dass das Lebendgewicht der Regenwürmer unter der Erde höher ist als das der Pflanzenfresser oben auf der Fläche. Sprichwörtlich redet man daher oft von der Kuh im Acker. Bei einem guten Regenwurmbesatz werden – bei ausreichend organischer Substanz im Boden – 1 kg Stickstoffumsatz pro 100 m² und Jahr veranschlagt. (Unsere Rosen benötigen etwa 1 kg pro Jahr und 100 m²;

bis zu 600 g werden alleine vom Regen eingebracht. Demnach reicht ein gut versorgter Regenwurmbesatz vollkommen zur Ernährung unserer Rosen aus!) Obendrein ist ein belebter Boden die beste Garantie für Pflanzengesundheit. In einer positiven Gesellschaft von Mikroorganismen werden Schadorganismen so unterdrückt, dass sie nicht überleben können. Mehr dazu erfahren Sie im Kapitel 8, Die unsichtbaren Mitbewohner.

Stickstoffsammler: Stickstoff ist der Hauptnährstoff, den auch unsere Rosen zum Aufbau neuer Pflanzenmasse benötigen. Er wird als begrenzender Faktor für das Wachstum angesehen, da er im Boden in pflanzenverfügbarer Form nur in geringen Mengen und kurzfristig vorkommt. Die Synthese von Nitrat aus Luftstickstoff gilt daher als Durchbruch in der Mineraldüngung.
Seltsamerweise ist aber Stickstoff überreichlich in der Luft vorhanden; die Pflanze kann ihn nicht aufnehmen. Wäre da nicht ein Fehler im Bauplan der Natur, wenn es keine Möglichkeiten gäbe, diesen Vorrat nutzbar zu machen? Vielen Menschen ist inzwischen die Symbiose der Schmetterlingsblütler mit Knöllchenbakterien bekannt. Diese Pflanzen, zum Beispiel Klee, Erbsen und Lupinen, sind dazu in der Lage, mit diesen Stickstoff sammelnden Bodenbakterien eine Symbiose einzugehen. Die Pflanzen bilden Wurzelknöllchen, welche diese Bakterien beherbergen und ernähren, und die Bakterien stellen der Pflanze dafür Stickstoff zur Verfügung. Aber auch frei lebende Bodenbakterien (Azotobacter) können Luftstickstoff binden. Diese Bakterien ernähren sich meist von überflüssigen, abgestorbenen Wurzelspitzen und benötigen bestimmte Mineral-

Klee als stickstoffsammelnde Begleitpflanze, Untersaat Bokkahraklee in Rosenwildlingen.

stoffe. Da Azotobacter meist im direkten Wurzelbereich viel häufiger vorkommen, kann die Pflanze hier den gebundenen Stickstoff gleich aufnehmen. Diese Art von Zusammenleben mit gegenseitigem Vorteil, ohne unbedingt aufeinander angewiesen zu sein, nennt man auch assoziative Symbiose. In einem Boden, der mit solchen Organismen versorgt ist, kann ein Mehrfaches dessen erzeugt werden, was die Pflanzen an Stickstoff brauchen. Ein guter Boden kann bis zu vier Prozent Humus enthalten. Umgerechnet entspricht dies einem Vorrat an 4 500 kg Stickstoff pro Hektar, oder 4,5 kg/100 m^2. Die Rose verbraucht nur etwa 1 kg Stickstoff pro 100 m^2 und Jahr. Es gilt also, nur eine mäßige Umsetzung zu erreichen!
Besonders wichtig ist in diesem Zusammenhang auch die Versorgung der Böden mit Mineralstoffen. Die bodenlebenden Stickstoffsammler sind auf das Vorhandensein von Kobalt im Boden angewiesen. Dieses ist in Urgesteinsmehlen vorhanden und kann im Boden (genauso wie im Darm) durch Milchsäurebakterien in das lebenswichtige Cobalamin (Vitamin B_{12}) umgewandelt werden. In einem gut

belebten Boden ist Cobalamin häufig vorhanden; im menschlichen Körper ist es so selten und wichtig, dass die Leber davon oft einen Vorrat anlegt, der Jahre ausreichen kann.

Die Ton-Humus-Komplexe: Der wichtigste Teil der Bodenbiologie tritt zutage, wo sich der Mineralboden mit dem Leben vernetzt. Die Tonbestandteile liefern nicht nur wichtige Mineralien, sondern bieten auch den Mikroorganismen mikroskopisch kleine Hohlräume und bilden so Lebensplattformen. An diesen Verbindungen von Humus und Mineralien werden Nährstoffionen für die Pflanze gespeichert. Sie sind also auch die Ursache, warum Nährstoffe und Plasma im Boden sozusagen auf Abruf für die Pflanze bereitstehen können.

Infusorien: Kritiker werden nun einwenden, dass die prächtigsten Schnittrosen auf sterilen Substraten wie Steinwolle kultiviert und nur mit Nährsalzen gedüngt werden. Aber auch diese Steinwolle ist nur bei Kulturbeginn steril. Es gibt nun verschiedene Möglichkeiten des Kulturverlaufs: Bleibt die Kultur relativ steril, entwickeln sich die Rosen durchaus gut, da ja auch ihre Feinde fehlen. Letztendlich ist diese Kultur dann aber, wie jede steril gehaltene Umgebung, umso anfälliger für Störungen von außen. Eingeschleppte Krankheiten können schlimme Schäden anrichten, und die Rosenmüdigkeit entsteht umso schneller.
Der Gärtner entsorgt dann das komplette Kulturmedium als Müll, desinfiziert seine Kulturräume und beginnt von vorn. Der zweite Ansatz ist Folgender: Da das Kulturmedium ohnehin nicht steril bleibt, wird es von der Rose selbst, aus der Umwelt und sogar vom Gärtner mit Kleinstlebewesen „infiziert“. Es entsteht eine so genannte Infusorienkultur, in der meist flüssigkeitsliebende Mikroorganismen leben. So kann sich auch in einer künstlichen Umgebung ein natürliches Zusammenspiel ergeben. Ich habe bei Stuttgart schon Glashausrosen in Perlitbeeten (Perlit ist ein durch Erhitzung aufgeblähtes Gestein) gesehen, die der Gärtner gerodet und mit neuen Rosen bepflanzt hat. Dies ist nur in einem ökologisch stabilen System möglich, eben dank dieser Infusorien. Eine wirklich sterile Aufzucht wird in der Meristemkultur praktiziert. Dort wird aus Pflanzengewebe auf Nährlösungen im Reagenzglas eine neue Pflanze gezogen. Dies ist heute technisch und praktisch absolut problemlos. Nichts ist jedoch schwieriger, als solche Pflanzen an das Wachsen in der normalen Umwelt zu gewöhnen. Oft gelingt dies nur unter hohen Verlusten, die diese art der Vermehrung oft wieder unrentabel machen.

Pferdemist als düngende Mulchdecke unter Rosen.

Praxis.

Hornspan mit Schimmel – die Wurzeln der Rose wachsen gezielt dort hinein.

Humuspflege und Düngung

Damit nun alle diese komplizierten Mechanismen im Boden funktionieren können, ist ein Grundverständnis für die wichtigsten Maßnahmen unerlässlich. Wer dann aber sein eigenes System gefunden hat, das im eigenen Garten funktioniert, dem danken es die Rosen mit gutem Wachstum bei minimaler Pflege. Da jede Rose, jeder Standort und jeder Boden unterschiedlich sind, muss man sein eigenes System finden. Dabei gelten aber die zwei wichtigsten Grundregeln des biologischen Landbaus:

1. Bei der Bodenbearbeitung stets ***flach wenden und tief lockern.*** Zu tiefes Wenden kann die Bodenlebewesen empfindlich stören und im schlimmsten Fall Fäulnis auslösen. Die alte Geschichte von dem Schatz im Weinberg, in der alle Erben des alten Winzers auf seine letzten Worte: „im Weinberg müsst ihr graben“ hin den Weinberg tief umgraben und als Lohn eine überreiche Ernte erhielten, steht dazu nicht im Widerspruch.
Im Winter, als alle Pflanzen in der Ruhephase waren, wurde umgegraben, und im nächsten Jahr fiel die Ernte reichlich aus. Bodenlockerung ist oft sehr vorteilhaft für die Wurzeln und fördert die Umsetzung der organischen Substanz. Fertiger Humus darf auch durchaus in etwas tiefere Bodenschichten gelangen. Der Zeitpunkt und der Bodenzustand sind wichtig. Rosen können ähnlich wie Weinstöcke dankbar für eine tiefe Lockerung im Wurzelbereich sein. Tiefes Eingraben von frischer organischer Substanz sollte aber unterbleiben! Ideal für diese Arbeit ist die zweizinkige Grabegabel, die ja als Rosengabel bekannt ist. Mit ihr kann man auch in engen Beeten die Erde zwischen den Rosen tief lockern, ohne zu wenden.

2. ***Je frischer ein organischer Dünger ist, desto flacher wird er eingebracht.*** Im Mutterboden unterscheidet man noch einmal mindestens zwei Schichten der organischen Umsetzung. Im obersten Bereich findet die so genannte Zellgare statt. Meist einzellige Lebewesen zersetzen die organische Masse. In der darunterliegenden Schicht kommt es dann zur so genannten Plasmagare. Die Zellen, welche die organische Substanz zersetzt haben, sterben ab und ihre Zellsubstanz wird frei. Dieses Zellplasma wird nun zusammen mit den Nährstoffionen im Humus erhalten.

Grundsätzlich gibt es die zwei Verfahren der Kompostierung: Haufen- und Flächenkompostierung. Beide sind berechtigt und

sinnvoll. Unbedingt und besonders sorgfältig kompostieren sollte man schlecht zersetzbares und krankes Material (mit Kompostbakterien im von außen, zum Beispiel mit Gras, abgedeckten Haufen). Gut verrotteter Kompost ist praktisch fertiger Humus und kann beispielsweise vor dem Pflanzen auch tiefer unter die Erde gemischt werden. Bei der Flächenkompostierung, die letztendlich wesentlich weniger aufwändig ist, werden die organischen Rohmaterialien direkt flach in den Boden eingearbeitet. Hier finden alle biologischen Vorgänge direkt im Boden statt. Dadurch kommen sie unmittelbarer und effektiver zur Wirkung. Für diese Methode kommen aber nur gesunde Materialien in Frage; ideal ist sie für Gründüngung.
Guter organischer Dünger, wie zum Beispiel Pferdemist als reine Rossäpfel ohne Stroh und Urin, werden direkt als Mulchdecke auf die Erde aufgebracht. Den rohen Pferdemist, eine Mischung aus dem „holzigen" Stroh, dem scharfen Urin und eben den Rossäpfeln sollte man idealerweise mit Urgesteinsmehlen und/oder mit Tonmehl oder Lehm mischen und vorkompostieren. Auf einer leeren Fläche, die neu bepflanzt werden soll, kann man ihn auch durch flaches einarbeiten einer Flächenkompostierung unterziehen, ähnlich wie Bauern Stroh eingrubbern.

Eine ***Mulchdecke*** ist eigentlich die Nachahmung der natürlichen Laubdecke des Waldes. Gerade weil wir bei den Rosen meist nicht nur das Schnittgut, sondern oft auch noch das erkrankte Laub entfernen, ist es sinnvoll, es durch eine Mulchdecke sozusagen zu ersetzen. Die Mulchdecke aus Nadelholzrinde hat glücklicherweise schon Verbreitung gefunden. Zur Unkrautunterdrückung ist sie optimal und auch den Zweck der Bodenabdeckung, um die Bodenfeuchte zu erhalten, erfüllt sie vollauf. Die Tatsache, dass eventuell eine Versauerung des Bodens stattfinden kann, sollte man im Auge behalten. Eine Versauerung ist aber mit einer Kalkung rasch korrigiert. Nicht bedacht wird jedoch, dass Rinde zwar langsam verrottet, aber unweigerlich Nährstoffe entzieht, weil die holzige Substanz nur in Verbindung mit Stickstoff zersetzt werden kann. Um diesem Mangel vorzubeugen, kann man vor dem Mulchen zum Beispiel Hornspäne oder Hornmehl streuen, damit sich die Rinde vom Boden her langsam abbauen kann. Alternativ kann man auch gleich mit einer Düngesubstanz mulchen. Damit ist die Krautunterdrückung zwar schlecht, aber der Düngeeffekt ungleich höher. In Frage kommen Pferdeäpfel, Kakaoschalen oder Rasenschnitt. Eine „Düngerdecke" wirkt noch bis ins zweite Jahr hinein. Wunderbar lässt sich hier auch gleich eine Urgesteinsmehldüngung mit einbringen. Bei „kalten" Böden sollte man die Sonne zunächst bis Mai die Erde erwärmen lassen und erst Ende Mai oder Anfang Juni die Mulchdecke aufbringen.

Der Rosenliebhaber, welcher längere Zeit von zu Hause fort ist, ins Bad reist usw. kann nichts besseres tun, als den Beeten vor der Abreise eine Düngerdecke zu geben. Er ist dann sicher seine Beete in gutem Zustande wiederzufinden.

Robert Betten

Pferdemist ist meiner Ansicht nach der beste Humusdünger für die Rose. Neben der Tatsache, dass die Nährstoffzusammensetzung durch den hohen Kaliumanteil dem Bedarf der Rose entgegenkommt, ist er ein so genannter warmer, trockener Mist, der auch schwere Böden lockert. Mist von Schafen, Rindern oder Kaninchen ist aber ebenfalls gut zu gebrauchen.
Bei allen Mistarten ist aber entscheidend, wie sie entstehen und behandelt werden.

Pferdemist bietet Bodenpilzen ideale Bedingungen, seine Wärmeeigenschaften fördern die Rose.

Mist von kranken Tieren, die gar mit Antibiotika behandelt wurden, scheidet natürlich aus. Halmverkürzende Chemikalien aus dem Getreidebau hat man noch in mistgedüngten Himbeeren nachgewiesen. Zudem sollte am besten bereits im Stall Gesteinsmehl und eventuell sogar Bodenmikroben wie EM (Effektive Mikroorganismen) zugesetzt werden. Gesunde Tiere und gesunde Rosen sind die Folge. Mindestens drei Monate kompostieren ist ideal. Reine Pferdeäpfel, die ja frei von dem schärferen Urin sind, kann man auch direkt und frisch als Mulchmaterial verwenden. Dies entspricht dann der praktischen Umsetzung des biologischen Grundsatzes: „Je frischer eine organische Düngesubstanz ist, desto flacher wird sie ausgebracht".

Komposte sind stets beste organische Dünger. Dabei setze ich voraus, dass es echte Komposte sind (Compositum = das Zusammengesetzte), in denen holzige und nährstoffreiche Substanzen in ausgewogenen Anteilen gemischt und Gesteinsmehle oder Lehmerde zusetzt wurden. Als wichtigstes Kriterium sehen Fachleute bei den Ausgangsmaterialien für einen Kompost das so genannte C:N-Verhältnis an, die ausgewogene Mischung zwischen Kohlenstoff und Stickstoff, also zwischen holzigen und eiweißhaltigen Stoffen. Altes überständiges Heu ist beispielsweise sehr kohlenstoffreich und frischer Rasenschnitt sehr eiweißhaltig. Ausgleichen kann man beim Kompost immer mit entsprechenden anderen Stoffen. Einen Vorrat von zwei Ausgleichsstoffen parat zu haben ist es beim Kompostieren vorteilhaft, zum Beispiel Holzhäcksel für Kohlenstoff und Hornspäne für Stickstoff. Komposte können je nach Reifegrad als Mulchdecke eingesetzt oder auch eingearbeitet werden. Bei gekauften Komposten ist es sehr sinnvoll, eine Analyse zu haben!

Mikrobenpräparate sind keine direkt düngenden Nährsubstanzen zur Pflanzenernährung, sondern Katalysatoren, welche die Umsetzungsprozesse und das Bodenleben an sich positiv beeinflussen. Wie bei chemischen Katalysatoren genügt oft schon ihre Anwesenheit, um Reaktionen hervorzurufen, ohne dass sie sich selbst verändern oder beteiligen. Die von Wissenschaftlern auf der japanischen Insel Okinawa entwickelte EM-Technologie (Effektive Mikroorganismen) ist die zurzeit Bekannteste (siehe hierzu S. 53 ff). Sie können im Bioanbau wahre Wunderhelfer sein. Viele Menschen haben schon einmal nach einer Antibiotikabehandlung zur Darmsanierung Symbioflor®-Präparate erhalten. Solche Mikrobenpräparate bringen das biologische Gleichgewicht wieder in Ordnung und wirken Krankheiten und Abbauerscheinungen entgegen. Sie enthalten natürliche Mikroben in ausgeklügelten Verhältnissen und wirken so auf ihr ganzes Umfeld positiv ein. Am sinnvollsten kann man sie schon gleich bei der Kompostierung oder zur Düngung einsetzen, aber auch eine Verwendung in Wasserkreisläufen und als Blattbehandlung ist möglich. Ihre weiteren Einsatzmöglichkeiten sind vom Haushalt bis zur Krebsvorbeugung schier unerschöpflich.

Organische Handelsdünger sollten ausgewogen auf die Bedürfnisse der Rosen abgestimmt sein. Ideal ist ein Verhältnis von etwa 1 Teil Stickstoff, 0,8 Teilen Phosphor, 1,5 Teilen Kali und 0,5 Teilen Magnesium. Reine Hornspäne gelten zwar als der organische Dünger schlechthin, sind aber ein reiner Stickstoffdünger und kein ausgewogener Volldünger!

Alle Handelsdünger enthalten auch organische Substanz, was sie maßgeblich von den synthetischen Düngern unterscheidet, die stattdessen meist giftige Salze enthalten. Eine ausgeglichene Düngung sollte aber dennoch immer wieder auch mit Kompost oder Mist erfolgen. Diese enthalten zwar weniger Nährstoffe pro Kilogramm Dünger, bringen aber mehr organische Masse und dadurch mehr Bodenleben. Alternativ erreicht man Humusaufbau auch durch die Kombination von Düngung und Mulchen mit organischem Material.

Patentkali ist ein bergmännisch abgebautes Kalisalz, das im Spätsommer zur Ergänzungsdüngung eingesetzt wird. Kalium fördert die Blütenbildung und die Holzausreife. Patentkali kann aber auch die Bodenorganismen schädigen. Ein zu hoher Kaligehalt fördert zudem die Bodenverschlämmung. Daher sollte man Kali nicht obligatorisch jedes Jahr anwenden, sondern nur bei Bedarf nach Bodenanalyse. Wichtig ist eine Kaligabe meist, wenn man nur mit Hornspänen gedüngt hat.

Spurenelementdünger müssen nur speziell gedüngt werden, wenn eine Bodenanalyse einen Mangel aufgedeckt hat. Insbesondere Eisen und Mangan sind für Rosen sehr wichtige Mikronährstoffe. Eine ausgewogene Spurenelementversorgung erreicht man über biologische Dünger meist automatisch, insbesondere aber über die Urgesteinsmehle (siehe Kapitel 4, Boden).

Auch so essenzielle Säuren wie die Schwefelsäure werden im Humus selbst stetig gebildet. Schwefelsäure ist im Boden ein wichtiger Mineralstofflöser. Bei allen Düngern gilt: Das Beste ist gerade gut genug! Natürlich ist es die Aufgabe der Bodenlebewesen, aus Abfällen des Lebens wieder neues Leben zu schaffen. Aus vergifteten oder verfaulten Substanzen kann aber kein gutes neues Leben entstehen. Solche Materialien müssen zumindest zuerst speziellen Kompostierungen und Behandlungen mit positiven Mikroben wie zum Beispiel EM unterzogen werden.

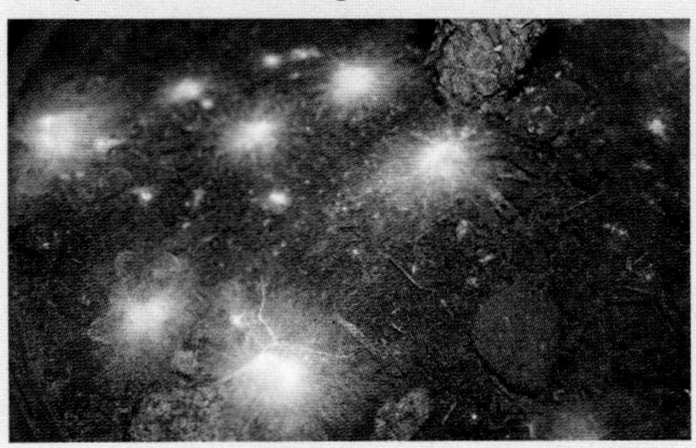

Pferdemist bietet Bodenpilzen ideale Bedingungen, seine Wärmeeigenschaften fördern die Rose.

Gedanken zum Humus

Die Überschrift dieses Kapitels, „Humussphäre“, ist der Titel eines Buches von Herwig Pommeresche. Jeder Mensch kennt die Atmosphäre, den Gasmantel unseres Planeten, die Lithossphäre kann man sich noch vorstellen, den steinernen Mantel desselben, und fast gänzlich unbekannt ist der Fachausdruck „Pedosphäre“ für den Bodenmantel der Erde. Da wäre „Humussphäre“ doch ein würdiger Name für die wenigen Zentimeter unseres Planeten, die wirklich das Leben bergen!

Wenn wir unseren Blick auf die allerkleinsten Lebewesen richten, so eröffnen sich uns interessante Einsichten. Am Anfang des uns bekannten Lebens standen mikroskopisch kleine Lebewesen, und noch heute sind diese Urformen existent und leben mit uns höheren Wesen zusammen.

Ein warmes Blätterbett, nicht nur gut für den Boden.

Praktisch alle uns bekannten Lebenserscheinungen der höheren Wesen hat man bereits an den einfachen niederen Lebensformen gefunden. Atmung, Stoffwechsel, Bewegung und Vermehrung gibt es in ähnlicher Grundform bereits bei den niedersten Einzellern. Seit Darwin wissen wir, dass das Leben einen gemeinsamen Ursprung hat. Der Naturphilosoph Haeckel hat die Zusammenhänge des Lebens bereits um 1900 erkannt, teilweise bevor manche Einzelheiten wissenschaftlich bewiesen waren. Noch allzu wenig ist uns bewusst, dass alles Leben unaufhörlich und untrennbar miteinander verflochten ist. Auch unsere Rosen sind nichts anderes als Gemeinschaften von einzelnen Zellen, die miteinander ein größeres Lebewesen bilden. Wir sind noch dabei, zu begreifen, dass die Wurzeln der Rose in Symbiose mit anderen Organismen wie Bakterien und Pilzen leben, da müssen wir erkennen, dass die ganze Rosenpflanze eigentlich eine Art Symbiose von Zellen an sich ist. Fachleute sehen teilweise das Blattgrün sogar als symbiotischen Teil in der Pflanzenzelle. Diese etwas andere Betrachtungsweise eines Organismus ist auf jeden Fall sinnvoll. Alles Leben hängt voneinander ab und ist miteinander verflochten; kein Teil kann ohne das andere sein. Ganz besonders deutlich wird uns dies beim Betrachten der Vorgänge im Humus. Ein Organismus arbeitet nahtlos mit dem Nächsten zusammen.

Dieses wunderbare Zusammenspiel der Lebewesen in der Erde ermöglicht auch eine ausgewogene und vollkommene Versorgung mit dem „Wachstumsmotor“ Stickstoff. Seit der Erfindung der synthetischen Bindung von Luftstickstoff glauben wir, dass dies eine menschliche Verbesserung der natürlichen Vorgänge sei. Wenn aber sich in der Natur selbst nicht bereits genügend Mechanismen entwickelt hätten, die den so überreich in

Bokharaklee unter Rosen der Boden bleibt bedeckt, feucht und der Klee bindet noch Nährstoffe aus.

der Atemluft vorhandenen Stickstoff den Pflanzen in ausreichendem Maß zugänglich machen, so wäre im Bauplan dieser Welt doch wirklich ein Fehler! Es ist wohl wirklich eine menschliche Anmaßung, die wir hier erleben: Der Mensch verbessert die fehlerhafte Schöpfung! Da der Verdauungstrakt unserer Rosen in der Erde um ihre Wurzeln herum liegt, also sozusagen außerhalb ihrer Pflanzenkörper, können wir erahnen, wie eng sie mit dem Erdboden verflochten sind. Der Boden ist praktisch schon fast ein Teil der Rose selbst. Wir Menschen tun uns schon oft schwer, wenn wir versuchen, Tiere zu verstehen. Können wir uns da in das Verhalten einer Rosenpflanze auch nur annähernd eindenken? In der Pflanzensicht der Anthroposophen betrachtet man den Wurzelbereich als „Kopf" des Pflanzenwesens. Setzt man dieses Bild der Anthroposophen mit unserem Bild der Verdauung zusammen, so ergibt sich eine interessante Kombination: Unsere Rosen denken mit dem Bauch! Das mag zunächst lustig klingen. Wenn wir aber die Rose als Pflanze und somit als niedriger entwickelte Lebensform im Vergleich zum Tier ansehen, so ist diese Sichtweise vielleicht gar keine so Verkehrte!

Wie alle Lebewesen ihre bevorzugten Partner haben, so hat die Rose ihren bevorzugten Düngelieferanten, nämlich das Pferd. Dass Pferdemist gut für Rosen ist, weiß man seit alter Zeit. Eine der edelsten Blumen und eines der edelsten aller (Haus-)Tiere: Könnte das besser passen?

XXIII.

Warum sind denn die Rosen so blaß,
O sprich mein Lieb, warum ?
Warum sind denn im grünen Gras
Die blauen Veilchen so stumm ?

Warum singt denn mit so kläglichem Laut
Die Lerche in der Luft ?
Warum steigt denn aus dem Balsamkraut

Hervor ein Leichenduft ?
Warum scheint denn die Sonn' auf die Au
So kalt und verdrießlich herab ?
Warum ist denn die Erde so grau,
Und öde wie ein Grab ?

Warum bin ich selbst so krank und trüb',
Mein liebes Liebchen, sprich ?
O sprich, mein herzallerliebstes Lieb,
Warum verließest du mich ?

Heinrich Heine

Die unsichtbaren Mitbewohner

Von Pilzen, Bakterien und anderen kleinsten Lebewesen, die der Rose das Leben schwer, aber auch leicht machen können

Vom Albtraum des Gärtners

Allein die Bezeichnungen Pilze und Bakterien führen dazu, dass man nur an schlimme Krankheiten denkt. Sind schon die Pilzkrankheiten wie Sternrußtau und Mehltau bei den Rosengärtnern gefürchtet, so graust es uns erst recht bei den Bakteriosen wie dem Rindenbrand, denn gegen diese gibt es keinerlei zugelassene Pflanzenschutzmittel. (Einzig wirksam wären Antibiotika, und diese sind aus gutem Grunde bei Pflanzen nicht zulässig. Es werden bereits viel zu viele bei Tieren angewendet!) Allzu gerne wünscht man sich, dass diese Geißeln unserer Rosen nicht existieren!

Einmal mehr zeigt sich hier aber unser gespaltenes Verhältnis zur Natur, denn gäbe es keine Pilze und Bakterien, so wäre keinerlei Leben denkbar. Nicht nur, dass sie die „Vorfahren" der höheren Organismen sind, auch heute schaffen die Mikroorganismen die Grundlagen für alles höhere Leben. Ihre speziellen Rollen haben wir bereits im Kapitel 7 „Humusphäre" näher erörtert. Vielerlei Bodenlebewesen ernähren sich dabei sogar direkt als Rauborganismen von Schaderregern oder unterdrücken diese zumindest. Einige davon, wie zum Beispiel *Bacillus subtilis*, *Pythium oligandrum* oder *Pseudomonas fluorescens*, werden bereits als Präparate für den Pflanzenbau eingesetzt. Bakterien und Pilze in so genannten Kompoststartern sind schon Standard. Besonders wichtig sind vor allem die Holz zersetzenden Pilze, ohne die unser Planet wohl in organischer Substanz ersticken würde. Mindestens ebenso wichtig für die Pflanzen sind die Mykorrhizapilze, die in direkter Symbiose mit der Pflanzenwurzel leben. Viele Bodenbakterien wirken direkt mit den Pflanzenwurzeln zusammen. Ist ein Boden durch und durch positiv belebt, und die Wechselwirkungen im Boden laufen gut aufeinander abgestimmt ab, kann dieses Bodenleben auch direkt Schadorganismen unterdrücken, wie eine gut funktionierende Darmflora, die ihre Zersetzungsaufgaben übernimmt, aber dem Wirtsorganismus nicht schadet, sondern sogar Krankheitserreger eliminiert. Im Gartenbau gibt es zahlreiche Versuche mit so genannten „suppressiven Komposten", womit einfach Komposte mit reichlichem Besatz an positiven Bodenlebewesen gemeint sind, die Schaderreger unterdrücken. Die Leistungen einer solchen Mikrobengesellschaft sind ganz erstaunlich, sogar Typhusbakterien werden nachweislich in Komposten gänzlich zerstört.

Mit einer guten Humuswirtschaft können wir also nicht nur die Nährstoffversorgung sichern; sie ist gleichzeitig der Garant für gesunde Pflanzen. Allerdings ist dieser Idealzustand, wie so oft, schwer zu erreichen. Die Gesellschaft der Kleinstlebewesen ist leicht von äußeren Faktoren zu beeinflussen und verändert sich oft rasend schnell. Wenige Stunden reichen bei Bakterien häufig für einen Generationswechsel. *Bacillus subtilis*, ein positives Bakterium, das auch die neuen Wurzeln von Keimlingen besiedelt und dort Verpilzungen verhindert, hat im Optimum eine Generationszeit von nur 26 Minuten. Ist auch nur ein Kriterium wie Wasser oder Temperatur nicht ideal, können sich schnell auch wieder Schadorganismen ansiedeln.

2 Fotos: Echter Mehltau an 'Schneewittchen'.

Diese Schadorganismen sind meist nicht wesentlich anders aufgebaut als die positiven Symbionten, greifen aber zu ihrer Ernährung lebende Substanzen an. Sie breiten sich umso stärker aus, je schlechter die Bedingungen für die positiven Organismen sind. Das Vorhandensein faulender Substanzen, Überdüngung und stressige Witterung sind Wegbereiter für diese Schadorganismen. Bei Trockenheit werden die Rosen leichter von Echtem Mehltau befallen, bei Nässe und kühler Witterung findet der Sternrußtau ideale Bedingungen. Bei schwüler Wärme und hoher Luftfeuchte entwickelt sich der Falsche Mehltau; ebensolches Wetter kann bei engem Pflanzenstand und mastigem Wuchsverhalten (Überdüngung) den Rindenbrand fördern.

Eines dieser Kriterien allein kann aber den Befall nicht hervorrufen, wenn sonst alles zum Besten für die Rose bestellt ist. Kommen jedoch mehrere Faktoren zusammen, hat der Schadorganismus leichtes Spiel. Ist zum Beispiel der Standort unvorteilhaft trocken und womöglich die Sorte noch anfällig für Echten Mehltau, nützt auch eine gute Mikroflora nichts. Es ist fast so wie beim Schnupfen: Es Bedarf immer mehrerer Ursachen, und oft bekommt ihn der eine Partner und der andere bleibt verschont.

Ein zusätzliches interessantes Phänomen ist noch, dass sich Mikroorganismen positiv oder negativ verhalten können. Dasselbe Bakterium, *Pseudomonas syringae*, das bei Fliedern eine schlimme Triebwelke verursacht, wird mittlerweile als Haltbarkeitsverbesserer für Tafeläpfel getestet. Dasselbe Sauerkraut, das vor einigen Wochen so gut und frisch geschmeckt hat, kann „umkippen" und ungenießbar werden.
Die Wissenschaftler der EM-Technologie (Effektive Mikroorganismen), führen die positive Wirkung von EM alleine auf die spezielle Mischung der Mikroben zurück, die bewirkt, dass sich alle zusammen positiv verhalten und aufbauend wirksam werden. Fast menschlich anmutend gibt es einige „Vorreiter", und die anderen schließen sich an.

Rauhreif im Januar mit Sternrusstau. An solchen Blättern überwintert der Pilz.

Diese Erkenntnis schließt sich nahtlos an die Forschungen und Erkenntnisse vieler Pflanzenphysiologen an.
Eine besondere Form des Zusammenlebens ist die Mykorrhiza. Übersetzt heißt dieser Begriff „Pilzwurzel". Es handelt sich um eine tatsächliche Symbiose zwischen Pilz und Pflanzenwurzel. Der Pilz versorgt die Pflanze mit gelösten Bodenmineralien; diese wiederum revanchiert sich, indem sie dem Pilz Kohlehydrate liefert. Bei vielen Waldbäumen, wie zum Beispiel der Kiefer, ist bereits nachgewiesen, dass sie nur mit dieser Symbiose in der Lage sind, vollkommen gesund und kräftig zu wachsen. Bei Rosen kann diese Symbiose auch vorkommen; die Rose ist aber nicht so absolut abhängig davon.

Ein Spritzbelag auf einem Rosenblatt durch mikrofeines Steinmehl verhindert Pilzinfektionen.

Praxis.

Pilz- und Mikrobenbeeinflussung

Bodenpflege und Humusförderung, optimaler Standort, ausgewogene Versorgung des Bodens mit Mineralien – alle diese Punkte, die wir bereits erörtert haben, sind natürlich wichtig für das gesunde Umfeld unserer Rosen. Die Entwicklung der Mikroflora können wir mit allen diesen Maßnahmen positiv beeinflussen. Darüber hinaus kann man inzwischen bereits viele Mikroorganismen als Präparate erwerben und dem Boden zuführen. Eine allgemeine Empfehlung, was sinnvoll ist, kann man leider nicht aussprechen,

EM wirkt antioxidativ: Dieser ehemals total verrostete Nagel lag in einem Behälter mit EM-Lösung.

denn dies ist natürlich abhängig von den bereits vorhandenen Mikroorganismen. *Bacillus subtilis* zum Beispiel, der oft als Schutzpräparat für Keimlinge angewendet wird, ist in der Natur bereits so reichlich überall im Boden vorhanden, dass es auch als „Heubakterium" bekannt ist. Ein Heuaufguss enthält oft unzählige davon. Mykorrhizapilze sind ebenfalls in der Natur oft reichlich vorhanden.

Sinnvoll ist die Anwendung solcher Präparate sicher bei größeren Neupflanzungen

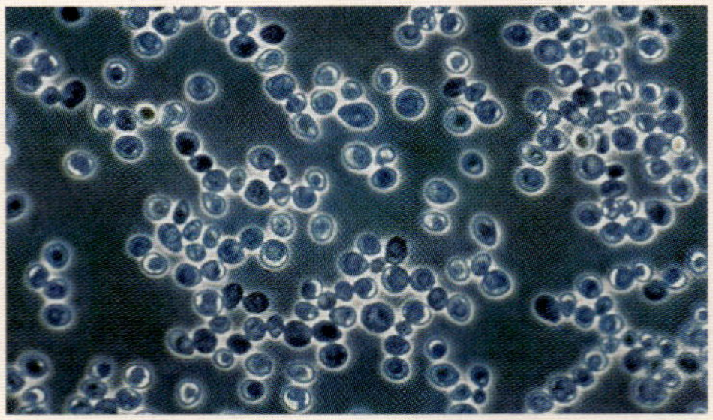

Effektive Mikroorganismen

oder Einsaaten, speziell wenn in relativ unbelebtem Topfsubstrat gepflanzt wird. Je biologischer die Pflanzen angezogen und die Erde bereitet wurde, also ohne Chemie und Mineraldünger, desto weniger sinnvoll sind diese Präparate. Oft habe ich es selbst schon erlebt, dass konventionell arbeitende Gärtnerkollegen mit Biopräparaten in ihren Kulturen große Erfolge erzielten, während bei mir wesentliche Effekte ausblieben. Ein bereits gut belebter Boden kann dadurch nicht mehr wesentlich verbessert werden.

Ein Präparat setzen wir jedoch regelmäßig ein, die Effektiven Mikroorganismen (EM). Dieses Mittel ist besonders sinnvoll in der ersten Verrottungsphase von organischen Abfällen, wo es die gesamte Umsetzung bereits in positive Bahnen lenkt. Wir setzen EM beim Mist bereits im Pferdestall ein, was nebenbei der Hufgesundheit zugute kommt und Fliegenmaden unterdrückt. Auch im Haushalt setzen wir es beim Putzen und zur Kanalreinigung ein. Es ist ein einfaches Mittel, das die Grundrichtung aller mikrobiellen Vorgänge positiv beeinflusst.

Pflückrosenfeld eine bunte Unterpflanzung fördert das Bodenleben.

Seine Hauptbestandteile sind Milchsäurebakterien, Hefepilze und Photosynthesebakterien. Die Anwendungsbereiche sind sehr vielfältig: EM kann man auch als Dünger- und Gießwasserzusatz und als Blattstärkung einsetzen. Wie bei allen biologischen Präparaten muss man selbst austesten, an welchen Punkten der Einsatz am sinnvollsten ist.

Sinnvoll sind auch vorbeugende Blattspritzungen mit pflanzenstärkenden Mitteln. Ihre beste Wirkung entfalten sie, wenn man sie auf die Witterung abstimmt. Die ersten Spritzungen nimmt man bereits Ende April oder Anfang Mai vor, um die jungen Blätter zu stärken. Bei feuchtem kaltem Wetter empfiehlt es sich, Mittel anzuwenden, die dem Sternrußtau vorbeugen, wie Gesteinsmehle oder Pflanzenextrakte. Bei trockener Witterung sind eher Mittel angebracht, die dem Echten Mehltau vorbeugen, wie Mehltau-Kombipack oder Myco-Sin®.

Ist es aber durch verschiedene Ursachen, meist durch extreme Witterung, dennoch zu Infektionen gekommen, so gilt es, auch auf die Hygiene zu achten. Natürlich sind die Krankheitserreger überall. Es kann aber dennoch hilfreich sein, sie zu reduzieren und somit den so genannten Befallsdruck zu reduzieren. Gerade bei den ersten infizierten Pflanzenteilen ist es sinnvoll, diese abzuschneiden und einer „sauberen" Kompostierung zuzuführen. Bei starkem Befall ist es wichtig, vor dem nächsten Neuaustrieb eine „Grundreinigung" durchzuführen und ggf. den Boden mit frischem, gesundem Kompost aufzufrischen. Auch eine desinfizierende Spritzung im Spätwinter vor oder beim Neuaustrieb zum Beispiel mit Öl und Schwefel kann bei stark befallenen Pflanzen überwinternde Sporen von Krankheiten abtöten.

Gedanken zu den Kleinstlebewesen

Wenn man die Verflechtungen der Mikroorganismen mit den höheren Lebensformen betrachtet, erkennt man, dass alles ein wohlgefügtes System von Wechselbeziehungen ist. Die Tiere und Menschen können nur zusammen mit ihrer Darmflora existieren, die Pflanzen und auch unsere Rosen nur mit den Mikroorganismen des Bodens. Da dies oft die gleichen Organismen sind, wird uns klar, warum Mist ein so guter Dünger sein kann. Der Gärtner muss nur das richtige Empfinden dafür entwickeln, wann und wie er sinnvoll lenkend in diese Gefüge eingreifen muss, um gute Kulturbedingungen zu schaffen.

Bereits im 19. Jahrhundert erkannte der Franzose Claude Bernard, dass ein bestimmtes Umfeld die Mikroorganismen beeinflusst. Er prägte bereits den heute noch gültigen Satz „Die Mikrobe ist nichts, das Milieu ist alles", der in Abwandlungen ihm und Antoine Béchamp zugeschrieben wird. Günter Enderlein erweiterte schließlich Mitte des 20. Jahrhunderts diese Erkenntnis in seiner Endobiontentheorie, indem er erkannte, dass ein und dieselbe Mikrobe sich von einem positiven, physiologischen Zustand in eine negative, pathogene (krankheitserregende) Form verändern kann.

Sternrußtau. Dieses Rosenblatt wird bald abfallen

Seine faszinierende Theorie, dass alle Krankheiten und auch alle positiven Mikroben eines Organismus aus einem verblichen so genannte Endobionten entstehen, konnte nicht zweifelsfrei bewiesen werden.
Dennoch ist klar, dass sowohl Krankheitserreger als auch positive Mikroorganismen allgegenwärtig sind.
Selbst Krankenhäuser versuchen mittlerweile nicht mehr, alle Räume komplett zu desinfizieren, was nur leere Siedlungsräume für neue Mikroben schafft, sondern die positiven Mikroben gleich im Putzmittel schon zu etablieren. Die Erkenntnis, dass in unserer Umgebung alles vorhanden ist, ist also alt. Die Entwicklung können wir beeinflussen. Nicht umsonst redet man oft vom Mikrokosmos. Im Kleinen spiegelt sich das Große. Je genauer man sich aber diese Kleinstlebewesen ansieht, desto schwieriger wird es, den Überblick zu behalten. Das ganze System der Wechselwirkungen ist so kompliziert, dass es bis heute noch nicht komplett entschlüsselt ist.
Der Wissenschaftler betrachtet zudem immer nur einen kleinen Teil des Ganzen und kann so, trotz allen Wissens, nie den ganzen Zusammenhang erkennen, geschweige denn erforschen. Eines aber ist sicher: Nur wenn die Welt der Kleinstlebewesen in Ordnung ist, kann auch die der größeren gedeihen. Nur wenn die Bodenmikroben gesund sind, gedeihen auch unsere Rosen.

In vergangenen Jahrhunderten stand der Mensch stets der „feindlichen" Natur gegenüber und versuchte sie zu bezwingen. Heute haben wir erkannt, dass auch wir selbst Teil dieser Natur sind, und dass wir nicht nur in der Natur leben, sondern

Außen voller Chemikalien, innen ist alles faul. An diesem Holzpfosten kann man das Problem gleich erkennen.

letztlich auch von und mit ihr! Bei den Mikroben aber sehen wir immer noch nur die bösen Krankheitserreger und versuchen sie auszurotten. Es wird Zeit, auch hier unser Weltbild den Tatsachen anzupassen und mit der Mikrobenwelt zu leben, ja sie als Grundlage unserer Existenz anzusehen. Nur so können wir unseren Platz auf dieser Erde sichern und auch unseren Rosen ihre Gartenplätze erhalten. Ein wenig nachdenklich hat mich doch einmal der folgende Witz gemacht: Es treffen sich zwei Planeten auf der Milchstraße. Sagt der Erste: „Ei Kumpel, wie geht's!" Darauf der andere: „Oh, gar net gut, ich hab mir da so einen ekligen Virus eingefangen, so einen fürchterlichen Homo sapiens." Antwortet der Erste: „Ach mach dir nix draus, das hat ich auch mal, das geht wieder vorbei!"

Duldsam

Des Morgens früh, sobald ich mir
Mein Pfeifchen angezündet,
Geh' ich hinaus zur Hintertür,
Die in den Garten mündet.

Besonders gern betracht' ich dann
Die Rosen, die so niedlich;
Die Blattlaus sitzt und saugt daran
So grün, so still, so friedlich.

Und doch wird sie, so still sie ist,
Der Grausamkeit zur Beute;
Der Schwebefliegen Larve frißt
Sie auf bis auf die Häute.

Schlupfwespchen, flink und klimperklein,
So sehr die Laus sich sträube,
Sie legen doch ihr Ei hinein
Noch bei lebendgem Leibe.

Sie aber sorgt nicht nur mit Fleiß
Durch Eier für Vermehrung;
Sie kriegt auch Junge hundertweis
Als weitere Bescherung.

Sie nährt sich an dem jungen Schaft
Der Rosen, eh' sie welken;
Ameisen kommen, ihr den Saft
Sanft streichelnd abzumelken.

So seh' ich in Betriebsamkeit
Das hübsche Ungeziefer
Und rauche während dieser Zeit
Mein Pfeifchen tief und tiefer.

Daß keine Rose ohne Dorn,
Bringt mich nicht aus dem Häuschen.
Auch sag' ich ohne jeden Zorn:
„Kein Röslein ohne Läuschen!"

Wilhelm Busch

Rosen und Insekten

Von allerlei Krabbeltieren um und an der Rose

Des Gärtners größter Feind

Ich gebe es zu: Auch ich habe meinen Mitschülerinnen Spinnen ins Genick gesetzt. Es ist ja einfach zu praktisch, dass sich dabei fast alle Mädchen ekeln. Wir Menschen tun uns mit diesen ganzen Krabbeltieren einfach schwer. Sie sind halt nun mal keine Streicheltiere! Für uns Gärtner ist es besonders schwer, Sympathien für sie aufzubringen. Sie sind halt böse Feinde unserer liebsten Rosen! Egal ob man nun Erwerbs- oder Hobbygärtner ist, das Gedicht von Wilhelm Busch muss man einmal mit Muße lesen. In diesem Gedicht steckt nicht nur der gesamte Lebensrhythmus der Blattlaus, sondern auch eine bewundernswerte Gelassenheit dem Problem gegenüber. Als ich es das erste Mal las, war ich nicht nur freundlich gerührt. Ich war schlicht sprachlos, meine ganze jahrzehntelange Gärtnererfahrung mit diesem Problem in einem kurzen Gedicht zu finden, und das noch mit Witz!

Die Läuseproblematik kehrt mit schöner Regelmäßigkeit alle Jahre bei der ersten Wärmeperiode im Mai wieder. Als wir unsere Rosenschule auf Bioland-Anbau umstellten, war es alljährlich wieder eine Herausforderung, den Kampf aufzunehmen. Erst nach mehreren Jahren fiel mir auf, dass seit der Umstellung die zweite große Invasion im August, die mein Vater stets mit härtester Chemie bekämpfte, ausblieb. Bald war mir der Zusammenhang klar: Mein Vater bekämpfte die erste Invasion mit Chemie. Der Erfolg war, dass 99 Prozent der Läuse, aber 100 Prozent der Nützlinge abgetötet wurden. Im Spätsommer hatte er dann eine Läusepopulation, die bereits resistent gegen sein chemisches Mittel war, aber keine Nützlinge mehr. Wir dagegen spritzen nur mit Kaliseifenpräparaten, die die Läuse durch Ersticken abtöten. Diese Mittel töten maximal 80 bis 90 Prozent der Läuse, schonen aber die Nützlinge gänzlich und erzeugen keine Resistenzen, da das Mittel mechanisch wirkt, indem die Läuse unter dem Seifenfilm praktisch ersticken. Infolgedessen können sich die Nützlinge frei vermehren und finden auch, dank der überlebenden Läuse, noch Nahrung.

Das „Problem Blattlaus“ ist sozusagen typisch für viele Schadinsekten. Man muss sich etwas in die Abläufe der Natur hineinversetzen, um den richtigen Umgang damit zu finden. Wie so oft im Leben bringt Aktionismus nichts, sondern verschlimmert manches sogar oft noch. Die Blattlaus ist nur eines von vielen Insekten, die die Liebe des Menschen zur Rose teilen. Beileibe nicht alle sind jedoch als Schädlinge zu betrachten. Viele nutzen sogar, wie die allseits bekannten Marienkäfer, die sowohl als Larve als auch als erwachsenes Insekt die schädlichen Läuse vertilgen. Gerade an Läusefressern mangelt es in der Natur keinesfalls. Das reichhaltige Nahrungsreservoir, des die Läuse bieten, wird weidlich genutzt! Neben den im obigen Gedicht Erwähnten sind es noch viele andere, wie zum Beispiel die Raubwanzen. Auffällig dabei ist, dass viele Tiere als Larven Läuse fressen, als Adulte jedoch auf Blütenpollen angewiesen sind. Am ehesten ist dies bei uns die Schwebfliege. Noch eine Erklärung mehr, warum sich an der Rose meist ausreichend Nützlinge einfinden, denn Blütenpollen bietet die Rose zur Genüge!

Blumenwanze

Überhaupt ist es eher verwunderlich, dass die Blattläuse noch überleben, nachdem die Entwicklung der Nützlinge massiv eingesetzt hat. Eine Schwebfliege legt etwa 500 bis 1.000 Eier.

Jede ihrer Nachkommen frisst binnen zwei Wochen etwa 400 Blattläuse, macht zusammen rund 300.000 Läuse. Da ist es schon weniger verwunderlich, dass es bei Läusemangel oft Kannibalismus unter den Schwebfliegenlarven gibt.

Auch für andere Rosenschädlinge wie Spinnmilben oder Raupen gibt es Nützlinge. Jedes Schadinsekt hat auch (mindestens) einen Fressfeind. In einem intakten Gartenmilieu finden sich diese meist sogar

Rosenkäfer bei der Kopulation.

von selbst ein. Inzwischen gibt es auch schon Spezialgärtnereien, die nichts anderes machen, als Nutzinsekten anzuziehen, damit man sie gezielt in Glashäusern und oft auch schon im Freiland aussetzen kann. Raubmilben gegen Spinnmilben einzusetzen, ist in vielen Gärtnerein schon Standard; Nematoden gegen Dickmaulrüsseler- und Gartenlaubkäferlarven sind erprobte Praxis. So setzt man das Bestreben fort, natürliche Vorgänge in der Natur auch im gärtnerischen Kulturbereich zu erhalten. Obendrein gibt es beim Nützlingseinsatz keine Resistenzen der Schädlinge wie so oft bei den chemischen Insektiziden. Nur gilt es hier, die Zusammenhänge in der Natur genau zu kennen, damit man die richtigen Maßnahmen ergreift. Viele Insekten sind uns unbekannt und manche, wie der Ohrwurm, können sowohl Läuse vertilgen als auch an den Pflanzen saugen.

Meist sind aber nicht nur die Übergänge zwischen Schädlingen und Nützlingen fließend, sondern der Mensch erkennt die

Nützlichkeiten vor lauter Angst um seine geliebte Rose oft gar nicht. In einem Rosenbuch aus dem 19. Jahrhundert fand ich etwa die folgende Einleitung zum Kapitel Rosenschädlinge:

Florfliege – ihre Larven fressen Blattläuse, sie selbst Blütenpollen.

Der schlimmsten Rosenschädlinge einer ist der echte Rosenkäfer, welcher die Blüten zerfrisst, zerwühlet und mit seinem Kothe besudelet. Volksmund

Die Blüten kann er unter Umständen wirklich schädigen, da er leidenschaftlich gerne Staubgefäße frisst. Mag auch sein, dass er früher öfter auftrat, aber der Schaden hält sich in Grenzen. Im Gegenteil: Der Nutzen des Käfers ist so groß, dass er heute unter Naturschutz steht. Seine Larven ernähren sich ausschließlich von totem organischen Material wie vermodertem Holz, das sie in Mengen vertilgen und so zur Humusproduktion beitragen. Wo man den Rosenkäfer sieht, kann man zudem sicher sein, dass die Ökologie noch in Ordnung ist, denn er ist hochempfindlich gegen Pestizide. Wer all dies weiß, kann dem dicken Brummer einfach nicht böse sein. Zumal wenn man ihn beobachtet, wie er sich so genüsslich in seine Rosenblüte hineinwühlt. Bei uns ist er alljährlich zur Blütenernte zu Gast in den Blüten unserer Rugosa-Hecken, und die wenigen Blüten, die ihm gänzlich zum Opfer fallen, seien ihm gegönnt. Im Gegenteil: Ich bin stolz, ihn bei Führungen zeigen zu können!

Knospenfraß durch Raupen

Viele der Insekten, die man als reine Rosenschädlinge betrachten kann, sind zudem so harmlos, dass man selbst als Rosengärtner nicht in Panik zu verfallen braucht. Diese Tiere tauchen zwar mit schöner Regelmäßigkeit auf, werden aber nur selten zur Plage. Und falls doch, ist es eine Ausnahmeerscheinung. Manchmal hat man geradezu den Eindruck, je schlimmer ein Schädling ist, desto seltener weitet er sich zur Katastrophe aus, während die alljährlichen Plagen immer wieder hartnäckig lästig bleiben.

Zu den schlimmen Schädlingen zählt auch die Rosenblattrollwespe. In der Regel sind es nur wenige Blätter, die von ihr angestochen werden und sich zusammenrollen. Da dieses Tierchen ohnehin nur eine Generation pro Jahr hervorbringt, reicht es vollkommen aus, die befallenen Blätter abzusammeln, um über Jahre den Befall stetig zu vermindern. In meinem langjährigen Umgang mit Rosen habe ich es ein einziges Mal Mitte der 1990er-Jahre bei Erlangen gesehen, dass alle Rosen in den Gärten einer Region komplett von der

Honigbiene auf 'Hansa'

Rosenblattrollwespe befallen waren. Und selbst dort erholten sich die Rosen im Juli wieder. Bei solchen Extremen sollte man versuchen, die Invasion mittelfristig einzudämmen. Auch hier bringt aber Strategie und Wissen oft mehr als blindwütiges Spritzen. Im zusammengerollten Blatt erreicht man die Larve der Blattrollwespe nämlich ohnehin nicht. Das Umgraben des Bodens, um die überwinternden Larven zu stören, und eine zeitige Spritzung im Frühling mit Neemöl bringen mehr Erfolg und sind umweltschonender.

Es ist aber nicht immer möglich, bei extremem Schädlingsbefall ganz souverän und ruhig zu bleiben. Immerhin leiden auch die Rosen stark darunter und wenn man den Rosenanbau als Broterwerb betreibt, entsteht ein zumindest nicht unerheblicher finanzieller Schaden. Als wir einmal eine besonders starke Läuseinvasion im Glashaus hatten, meinte ein guter philosophisch veranlagter Freund zu mir: „ Pass auf, da hat man ganz schnell ein böses Feindbild!“ Ich musste dann auch tatsächlich den Läusen erst einmal massiv mit einer Kaliseifenspritzung zuleibe rücken, und teilte ihm scherzhaft mit: „So, nun ist mein Feindbild erst mal weg!“

Es kann also manchmal passieren, dass es nötig wird, massiv einzugreifen. Als Nächstes ist es dann aber nötig, gleich die Ursachen zu suchen, um danach wieder regulierende Maßnahmen und Kulturverbesserungen einzuführen. Von Vorteil ist dann wieder, dass unsere Rosen von Grund auf robuste Pflanzen sind. Selbst wenn ein Schädlingsbefall sie niederwirft, starten sie spätestens mit Beginn des nächsten Frühlings wieder neu durch.

Pinselkäfer Trichius rosaceus

Praxis.

Die Insektenregulierung

Sorgen Sie für ein natürliches Gleichgewicht der Insektenpopulation! Das ist natürlich leicht gesagt, aber es ist die einzig wahre Strategie, um Ihre Rosen zu schützen! Jeder Vernichtungsfeldzug ruft wieder neues Ungleichgewicht und damit wieder neue Schädlingsinvasionen hervor. Gibt es jedoch ein Gleichgewicht zwischen den Lebewesen, und eines lebt vom anderen, ohne es gänzlich zu zerstören, so kann auch die Rose weitgehend unbehelligt blühen und gedeihen. Die Fälle, in denen man in der Praxis doch schärfer regulierend eingreifen sollte, möchte ich hier nun einfach außer Acht lassen. Strategien dazu möchte ich gesondert auflisten. Zunächst können ein paar Ratschläge helfen, mehr Gleichgewicht im Insektenreich zu schaffen. Praktikable Tipps finden Sie in vielen guten Büchern über biologisches Gärtnern, angefangen von Nistkästen für Vögel bis zu Lockpflanzen für Nützlinge. Hier nur die Wichtigsten für die Rose:

• Keine Chemikalien anzuwenden ist ein erster Schritt; meist sind nämlich die Nützlinge die ersten, die davon sterben!
• Rosenkugeln und andere Gartenkunstwerke mit inneren Hohlräumen lassen sich leicht mit Holzwolle oder Stroh füllen, worin nützliche Insekten wie zum Beispiel Ohrkriecher Zuflucht finden.
• An der nächstgelegenen Wand können Sie ein Wildinsektenhaus etablieren.
Zusammengebündelte hohle Stengel (Holunder oder Bambus) und Holzklötze mit Bohrungen werden gerne von Wildbienen angenommen; Laub bietet Marienkäfern guten Winterschutz.

Schlupfwespeneinsatz im Glashaus.

• Frühblühende Stauden bei den Rosen bieten den ersten Nützlingen im Frühling Blütenpollen an. Sehr gut sind zum Beispiel diverse Zwiebelpflanzen, Anemonen, Ringelblumen und Katzenminze.
• Vorbeugendes Spritzen ist mit Neemöl möglich. Es wirkt nicht nur abschreckend auf neu zufliegende Insekten, sondern hemmt sie auch in der Entwicklung.
• Der Nützlingseinsatz mit gekauften Nutzinsekten ist sinnvoll, wenn man das genaue Schadinsekt kennt, zum Beispiel bei Spinnmilben im Glashaus oder Gartenlaubkäfern im Freiland.
• Eine Bekämpfung sollte nur erfolgen, wenn ein Schadinsekt wirklich überhand nimmt. Läuse und auch Spinnmilben lassen sich gut mit einer Kaliseifenspritzung reduzieren, ohne die Nützlinge stark zu schädigen. Am besten sind sie spätabends anzuwenden, damit die Seifenbrühe lange auf den Tieren haftet. Nur im Notfall sollte man zu Pyrethrummitteln wie greifen, da diese auch die Nutzinsekten schädigen.
• Ein spezielles Mittel gegen Raupenfraß ist das Raupenspritzmittel Xentari®. Es enthält *Bacillus thuringiensis*, ein spe-zielles Bakterium, das nur Raupen befällt und abtötet. Speziell gegen Frostspannerraupen ist es gut wirksam, wenn die Raupen noch klein sind. Deshalb sollte es frühzeitig im Mai angewendet werden.

Gedanken zu Insekten

Freund oder Feind? Manchmal, wenn ich ein Insekt auf meinen Rosen entdecke, dass ich noch nie gesehen habe, entschlüpft mir diese alte Soldatenparole. Der erste Gedanke ist dann: Nützt oder schadet dieses Tier meiner Rose? Die Einteilung Nützling oder Schädling gibt es jedoch nur in unseren Menschenköpfen; die Natur kennt nur ein Zusammenspiel des Ganzen, ein Fressen und Gefressenwerden, ein Auf und Ab. Jede ungezügelte Vermehrung des einen wird unverzüglich wieder von anderen reguliert.

1) eingewanderter Marienkäfer Harmonia als Larve, Puppe und Käfer 2) Harmonia-Marienkäfer.

Zu Bewusstsein kam mir dies erst, als wir bereits einige Jahre Bioanbau betrieben. Ich war stets bestrebt, ökologische Aspekte zu beachten, und etwas enttäuscht, als sich die erhoffte paradiesische Gartenidylle nie so ganz einstellen wollte. Stets gab es wieder Schädlingsinvasionen. Als ich mein „Leid“ unserem Nachbarn, einem Bioland-Gemüsegärtner der ersten Stunde, klagte, legte er mir die Tatsachen klar: „Wir leben nicht mehr in einer intakten Natur, denn wir greifen ja stets massiv ein! In dem Moment, wenn du einen Spaten in die Erde stichst und sie umgräbst, greifst du bereits in den Naturhaushalt ein. Du veränderst die natürlichen Gegebenheiten, um deinen Rosen bessere Wachstumsbedingungen zu schaffen. Da ist es dann automatisch die Aufgabe der Natur, dieses Ungleichgewicht wieder auszugleichen. Ein ganzes Feld voller Rosen! Es ist logisch, dass da Läuse her müssen, um diese Monokultur einzudämmen!“ Wir leben schon lange nicht mehr als Jäger und Sammler; wir verändern unsere ganze Umwelt und müssen auch mit den Konsequenzen rechnen. Im Idealfall können wir aber erreichen, dass die ganz extremen Ausschläge nach oben oder unten sich in eine sanfte Wellenbewegung verwandeln, in der auch unsere Rosen und wir leben können.

Dieses einleuchtende Beispiel erklärt fast alle Phänomene des modernen Ackerbaues. Höchsterträge und Monokulturen gehen meist einher mit immer größer werdenden Problemen. Schädlingsinvasionen durch Monokultur, Bodenzerstörung durch Humusabbau und Maschinenbewirtschaftung.

'Hansa': die Rugosarosen sind regelrechte Hummelmagnete

1) Rosenwickler 2) Läusekolonie auf Rose

Höchsterträge rechnen sich oft nur über Schönrechnerei, wenn man alle Kosten der modernen Landbautechnik und all ihre Folgekosten für Grundwasserbelastung, Bodenverluste, Luftverschmutzungen, erhöhte Allergiepotenziale etc. aufrechnen würde. So wäre der Ökolandbau billiger und ertragreicher als die heutigen Materialschlachten auf den Feldern und in den Ställen.

Ein halbwegs ausgeglichener Naturhaushalt ist stets auch an einer intakten Insektenwelt abzulesen. Nicht umsonst sind viele von Menschenhand geschaffene Kulturflächen mittlerweile als Biotope anerkannt, angefangen von den Heideflächen, die einst durch Raubbau am Wald und spätere Beweidung entstanden sind, bis hin zu Streuobstwiesen und Weinbergen. Nicht umsonst pflanzte man bereits vor Jahrhunderten an die Rebzeilen der Weinberge oft Rosen, natürlich weil man an der Rose beginnende Mehltauinfektionen schneller erkennt, aber auch, weil die Rose Nutzinsekten beherbergt. Eine norddeutsche Rosenbaumschule hat in ihrem Katalog eine ganze Seite dem ökologischen Nutzen der Rose gewidmet. 103 verschiedene Insektenarten wurden laut dieser Veröffentlichung an der Rose gefunden. Die Blattlaus und andere Schädlinge zählten sicher auch dazu, aber besonders hervorgehoben wird, dass die Rose Wirtspflanze für die meisten Raubinsekten wie Schwebfliege und Marienkäfer ist. Eine erfreuliche Rückbesinnung in einer Zeit, da manch einer glaubt, ohne Chemieeinsatz gedeihe keine Rose. Auch wenn Insekten oft wenig beliebt sind, weil sie einfach keine Kuscheltiere abgeben, sind sie dafür

Blattwanze auf 'Mme Hardy'

oft umso faszinierender! Schauen Sie einfach mal näher hin bei den kleinen Krabbeltierchen: Der Flug einer Schwebfliege ist manchmal genauso faszinierend wie der einer Libelle! Und wer den glänzenden Rosenkäfer erst mal näher beobachtet hat, den fasziniert dieser gemütliche behäbige Brummer fast genauso wie eine wunderschöne Rosenblüte.

Blush Damask Trieb mit abgestorbener, durch Bacillus Thuringiensis infizierter Raupe

Die Rose trägt das Blut der Götter
Und ist der Blumen Königin,
Ihr Antlitz sticht das schönste Wetter
Und selbst Aurorens Wangen hin,
Sie ist ein Stern der milden Erden
Und kann von nichts verfinstert werden

Johann Christian Günther
(1695-1723)

Licht und Sonne

Von Sonnenkindern und vom Licht des Lebens – Heliotropismus und Pflanzenpower

Gärtnerblick – vom Sonnenhunger der Rose

Rosen sind Sonnenkinder, das ist unbestritten. Letztendlich sind alle Pflanzen vom Sonnenlicht abhängig, denn sie nutzen es ja direkt zu Energieerzeugung. Daher rührt auch der so genannte Heliotropismus, was nichts anderes heißt, als dass die Pflanze in die Richtung wächst, aus der das Licht kommt.

Unsere Rose hat aber eine besondere Beziehung zur Sonne. Sie ist es gewohnt, eher frei stehend in steppenartigen Gebieten zu wachsen, und braucht daher Licht, Sonne und Wärme noch mehr als andere Pflanzen. Ihre ganze Kraft bezieht sie aus der Sonne; nichts nimmt sie mehr übel als Kälte und womöglich noch zusätzlich Nässe in ihrer Hauptwachstumszeit.

Pilzkrankheiten sind dann unweigerlich die erste Folge. In einem verregneten Sommer habe ich sogar schon Rosen quittengelbe Neuaustriebe austreiben sehen, wie sie sonst nur bei Eisenmangel gebildet werden.

Licht und Wärme sind so essenziell für die Rose, dass bei der Ölrosenkultur je nach Sonneneinstrahlung der Ertrag an ätherischem Öl der Blüten um bis zu 50 Prozent schwanken kann. Dies ist einer der Gründe, warum dieser Anbau in warmen Ländern wie Marokko, Bulgarien und der Türkei erfolgt. Zur Rosenkultur werden in Deutschland oft Gewächshäuser gebaut. Dass darin die Rosen früher blühen, ist natürlich der Hauptgrund; viele wärmebedürftige Rosen gedeihen darin aber einfach besser. Extreme Hitze ist der Rose zwar auch nicht zuträglich, wird aber immer noch besser verkraftet als Kälte. Das Temperaturoptimum für die Rose in den Hauptwachstumsphasen liegt bei etwa 20 bis 24 °C, wobei es auch wichtig ist, dass die Nachttemperaturen nicht unter 12 °C absinken.

Unsere Rose wandelt die Sonnenkraft nicht in riesige Pflanzenmassen wie die Sonnenblumen oder in ölhaltige Samen wie der Lein um. Ihre wunderschönen Blüten und ihr zarter Duft sind aber auch echte Pflanzenpower! Spüren kann man diese Kraft auch in den vielen Rosenprodukten von Kosmetika über Marmeladen bis hin zu Hagebuttentee.

Praxis.

Plätze für Sonnenkinder

Für das Sonnenkind Rose gilt: je mehr Licht, desto besser. Allerdings sind pralle Südseiten wiederum gerade im Sommer manchmal zu heiß und dadurch wieder problematisch. Auf heißen Südseiten gedeihen nur wenige Rosen. Am ehesten wärmebedürftige China- und Noisette-Rosen und Edelrosen. Wählen Sie zumindest aber Sorten aus, die feste Blüten haben und lange blühen, damit die Freude an den Rosen auch bei Hitze lange währt. Keinesfalls sollte man an solchen Standorten Bourbon- oder Remontantrosen pflanzen, weil sie unter der Hitze leiden. Die dunkelroten unter ihnen verblauen und die meisten sind dort anfällig für Rosenrost. Diese Rosen müssen eher halbschattig oder zumindest absonnig stehen.

Ideale Rosenstandorte sind Ost- oder Westseiten, wo sie jeweils das goldene Mittelmaß haben. Ganztägig beschattete Plätze wie zum Beispiel unter Bäumen

Sonnenbrand an einem Rosenblatt durch das Herausstellen einer Rose aus dem Glashaus ins Freiland.

Lichteinfluss auf das Wachstum: die linke Rose wuchs im Glashaus unter UV-durchlässigem Kristallglas.

Lichtkönigin 'Lucia': zurecht gelten gelbe Rosen als besonders licht- und auch wärmebedürftig.

sind jedoch für Rosen ungeeignet. Dort können allenfalls kleinblumige Bodendeckerrosen gedeihen oder wiederum die Rambler, die aber dann letztendlich in die Bäume hineinklettern, um diese zu überwuchern, und dadurch ans Sonnenlicht gelangen.

Nordseiten können durchaus noch geeignet für Rosen sein. Wenn dort nicht andere Gebäude oder Bäume noch zusätzlichen Schatten werfen, kann noch genug Licht für genügsamere Rosen vorhanden sein, selbst wenn fast kein direkter Sonnenstrahl sie erreicht. Geeignet sind hierzu kleinblumige Bodendeckerrosen wie 'The Fairy', die Kletterrosen 'Super Dorothy' und 'Ghislaine de Féligonde', aber auch Ausnahmerosen wie 'Mme Alfred Carrière'.

Du bist die Sonne – Gedanken zu Licht und Rose

Ein schöner Rosenstrauß auf dem Tisch – geht da nicht die Sonne auf? Egal ob es unsere Assoziationen zur Rose sind oder ob es tatsächlich die eingefangene Energie ist: Ein Rosenstrauß strahlt immer die Sonne aus, durch die er entstanden ist. Alleine der Duft der Rose verströmt Sonnenwärme. Selbst Rosenkosmetika wie Körperöle verströmen unvergleichliche Wärmegefühle.

„Eine Heilpflanze verwandelt das Feuer" ist der Untertitel eines Buches über die Gewinnung von Rosenbestandteilen für Kosmetika. Das Feuer kommt in Form des Sonnenlichts durch die Photosynthese in die Pflanze.

'Mme Isaac Pereire', *eine Bourbonrose, bevorzugt ideale Rosenplätze, warm, aber absonnig.*

Dort wird es dann unter anderem als Pyrophosphorsäure (Pyr = griechisch für Feuer) in das ätherische Öl der Rose eingebaut.

Geradezu Göttliches entströmt der Rose, und nicht umsonst begegnen wir ihr allenthalben auch in der christlichen Mythologie, am bedeutungsvollsten als Sinnbild für die Mutter Gottes selbst. Vielfach wird sie in Kirchenliedern besungen, man betet Rosenkränze und durch die Rosettenfenster der gotischen Kirchen dringt wiederum das Licht in die Gotteshäuser.

Aufgrund der neuesten Forschungen wissen wir nun, dass Licht tatsächlich aus kleinsten Teilchen, den so genannten Lichtphotonen besteht. Das Phänomen Licht und Wärme wird dadurch vielleicht etwas greifbarer. Erstaunlich ist, mit welcher Geschwindigkeit sich hier kleinste Teilchen bewegen und wie sie von den Pflanzen letztendlich aufgenommen werden, und noch erstaunlicher, wie sich diese Energie in den Produkten der Pflanzen wiederfindet.

Unsere neuesten Technologien zur Ausnutzung der Sonnenenergie wirken dagegen wie ein Flugdrache gegen eine Raumfähre!

Die Rose hat also eine ganz besondere Beziehung zum Feuer, diesem besonderen physikalischen Vorgang, der im Altertum als eigenes Element neben Erde, Wasser und Luft gestellt wurde. Sie ist wärmebedürftig in ihrem ganzen Wesen, streckt sich oben der Sonne und dem

Licht und Sonne ist für die Rosen im Glashaus noch wichtiger als im Garten.

Licht entgegen und wurzelt so tief, dass man meint, sie versucht, mit den Wurzeln das innere Feuer der Erde zu erreichen. Tatsächlich liebt sie warme Böden und warme Dünger, wie wir in den anderen Kapiteln nachlesen können. Heraklit von Ephesos erkannte bereits das Leben selbst scharfsinnigerweise als „Feuer", als eine Art Verbrennungsprozess und verglich es mit einer Fackel.

Licht und Wärme sind so untrennbar mit der Rose verquickt, dass sie ein ganz wesentlicher Teil ihrer selbst geworden sind. Wenn wir verliebt sind, brennt auch in uns ein leuchtendes Feuer. Vielleicht ist deshalb die Rose zum Sinnbild der Liebe geworden? Die Liebe, sagt man oft, sei das Einzige, das mehr wird, wenn man es teilt; das Feuer wird es aber auch. Beide brauchen aber auch den richtigen Nährboden, auf den sie fallen müssen. Sorgen Sie dafür, dass er immer bereit ist!

Feuerrote Triebe der Rosa morletii

Wenn meine Rose blüht

Wenn meine Rose blüht,
bedarf es andrer Blumen nicht,
sie heiligt mein Gemüt,
und füllt mein Herz mit Licht.

Wie sollte da noch Platz
für andre Blumen sein?
Ein ganzer Rosengarten
rankt in mich hinein.

Friedrich Schnack

Der Hofstaat der Königin

Pflanzenpartner der Rose

Der Gärtnerblick auf die Begleitpflanzen der Rose

Wenn man alte Pläne von berühmten Rosengärten anschaut, sucht man Begleitpflanzen oft vergebens. In den akkuraten Beeten sind die Rosen aufgereiht, allenfalls von ein Paar Buchshecken eingerahmt oder von Rasenflächen unterbrochen. Nichts soll den Rosen die Schau stehlen oder sie gar beeinträchtigen. Die Rose wirkt für sich allein.

Glücklicherweise hat man längst erkannt, dass es der Rose durchaus gut tut, mit anderen Pflanzen kombiniert zu werden. Zum einen ergeben sich vielfältige Möglichkeiten, die Blütezeiten im Rosengarten zu ergänzen, beginnend mit Zwiebelpflanzen im Frühling bis hin zu Astern und Bartblumen im Spätsommer. So kann man die Zeiten überbrücken, in denen die Rose nicht punkten kann. Im Winter, wenn der Rosenstrauch kahl und leer dasteht, verleihen Immergrüne dem Garten dennoch Struktur und ein wenig Grün. Nicht zuletzt gibt es auch einige Pflanzen, deren Nachbarschaft der Rose auch im Wachstum gut bekommt, sei es, weil sie wie der Klee Nährstoffe erzeugen, die auch die Rose nutzen kann oder weil sie nützlichen Insekten Lebensraum bieten, die auch an der Rose Schädlinge vertilgen, wie es bei der Ringelblume der Fall ist. So ist es regelrecht eine neue Gartenmode geworden, Rosen und Stauden zu kombinieren. Ein reines Rosenbeet gilt heute oft schon als spießig. Leider werden dann oft wahllos Stauden und Rosen nebeneinander, teils sogar durcheinander gepflanzt, ohne auf ihre Grundbedürfnisse zu achten. Der Misserfolg ist vorauszusehen.

Beetrosen und Lavendel durcheinander zu pflanzen, ist ein typischer Fehler. Man hat gehört, dass dies eine gute Kombination sei, weil Lavendel die Läuse von der Rose fernhalte, und so wird es gemacht. Richtig ist, dass dunkelblaue Stauden farblich gut zu allen Rosenfarben passen. Rein blaue Rosen gibt es nicht, weshalb sich so immer ein schöner Kontrast ergibt. Das die Läuse abgehalten werden, stimmt insofern, als der blühende Lavendel mit seinem Duft tatsächlich anfliegende Läuse abschreckt. Hat die Rose schon vorher Läuse, was logischerweise meist der Fall ist, nützt der Lavendel meist nichts. Man müsste schon im Mai Lavendelöl spritzen.

Kletterosen und Clematis: King and Queen of Climbers.

Damit hört die Positivliste aber schon auf, denn es wird vergessen, dass der Lavendel gänzlich andere Bodenansprüche hat als die Rose. Er wächst bevorzugt auf steinigen, kargen und trockenen Böden, am liebsten ohne jeden Dünger. Wird er zwischen die Rosen in die feuchthumose Lehmerde gepflanzt und zwangsläufig noch gut mitgedüngt, ist klar, dass er in die Höhe schießt.

Im schlimmsten Fall überwuchert ein hoher *Lavandula angustifolia* die niedrigen Rosen fast ganz. Sie werden schlechter durchlüftet und bekommen leichter Pilze. Zu allem Übel muss sich der geplagte Gärtner dann noch beim Rückschnitt des Lavendels (der nach der Blüte wichtig ist) an den Rosen stechen.

Mit etwas Köpfchen kann man die beiden auch sinnvoll kombinieren: Pflanzen sie den Lavendel – eine niedrige Sorte wie 'Hidcote Blue' oder 'Blue Dwarf' ist besonders zu empfehlen – einfach als niedrige Einfassungshecke vor die Rosen oder als Gruppe daneben. Wunderbar eignen sich auch die mit Schotter vermischten trockenen Beetränder neben Wegen und Pflasterflächen. Hier findet der Lavendel gute Standortbedingungen und kann auch beim Düngen der Rosen ausgespart werden. Überhaupt gilt es, bei der Kombination von Rosen und Stauden zu beachten, dass die Rose als dominanter Teil den gebührenden Abstand zu ihren Begleitpflanzen bekommt. Das hat weniger mit der Arroganz der Rose zu tun. Es ist ganz einfach so, dass sich besonders beim Neuanpflanzen die Stauden schneller entwickeln als die Rose, die als größerer, langlebigerer Strauch oft drei bis vier Jahre braucht, um ihren Grundhabitus zu erreichen. Stauden schaffen dies in ein bis zwei Jahren. Man sollte also zumindest genügend Abstand einplanen und eventuell sogar darüber nachdenken, zunächst die Rosen zu pflanzen, und die Stauden ein oder gar zwei Jahre später. Eine andere Möglichkeit wäre es, gleich größere, ältere Rosen im Topf zu nehmen, die dann schon einen Vorsprung haben.

Das Gleiche gilt im Prinzip für die Kombination von (Kletter-)Rose und Clematis. Die Grundidee „King and Queen of Climbers“ stammt aus dem Gärtnerland England. Bei großblumigen Kletterrosen, die im Gegensatz zu den kleinblumigen Ramblern immer dazu neigen, in die Höhe zu schießen und dabei aufzukahlen,

'Super Excelsa' am Obelisk.

Campanula unter Rosen

ist dies oft die einzige Möglichkeit, ein ansehnliches Gartenbild zu erreichen. Auch bei dicht gewachsenen Kletterrosen kann es eine reizvolle Kombination sein, wobei es hier sinnvoll ist, der Rose zwei bis drei Jahre Vorsprung zu geben.
Zumindest muss man aber die Äste der Clematis anfangs wegleiten, bevor sie die Rose gänzlich überwuchern.

Ist die Rose bereits groß genug, darf die Clematis ungehindert in sie hineinranken. Ungeeignet für diese Kombination sind frühblühende Clematis wie *C. alpina* und *C. montana*, da diese im Frühling nicht geschnitten werden sollen.

Ideal sind die kleinblumigen C.- *viticella*-Sorten. Diese werden im zeitigen Frühling fast wie eine Staude sehr stark zurückgeschnitten, was einige Vorteile hat:

- keine störenden Clematisäste beim Rosenschnitt
- keine dürren unansehnlichen Triebe, nur junges Holz
- gleichzeitige Blüte mit der Rose bzw. ständig im Wechsel mit ihr
- widerstandsfähig gegen Clematiswelke.

Mit Ausnahme von einigen Strukturpflanzen wie Koniferen, Buchshecken, einem hohen Rittersporn oder Gräsern als Hintergrund, sollten sich also alle Begleitpflanzen allein aus praktischen Gründen der Rose unterordnen. Die Rose nimmt es sogar übel, wenn manche Pflanzen sie „unterwuchern".

Wachsen Quecken, Fingerkraut, Frauenmantel oder andere nährstoffhungrige Stauden direkt unter der Rose, können sie in der obersten Bodenschicht so viele Nährstoffe verbrauchen, dass der tief wurzelnden Rose praktisch nichts mehr übrig bleibt. Aus gutem Grund hat es in den Rosengärten seit alters her bewährt, den Boden direkt unter der Rose offen zu halten. Bekannt ist diese Technik auch aus dem Obstbau, als Baumscheibe oder Baumstreifen. Schaut man sich die bewährte Praxis hierzu an, sieht man, dass

'Fritz Nobis' und Wiesenmargerite

Mit Ausnahme von einigen Strukturpflanzen als Hintergrund sollten sich alle Begleitpflanzen der Rose unterordnen.

dies umso wichtiger ist, je jünger die kultivierten Pflanzen sind. Am Anfang ihres Lebens verschafft es ihnen einfach Freiraum gegenüber den Beikräutern. Je älter die Pflanzen werden, desto weniger sind sie darauf angewiesen. Sie schaffen es dann oft selbst, sich den nötigen Freiraum zu verschaffen, indem Sie die anderen Pflanzen überwachsen und beschatten. Auch direkt unter den Rosensträuchern in der Natur kommt oft kein anderer Bewuchs mehr auf. Direkt darunter liegt nur noch eine dichte Laubschicht, die fast wie im Wald eine natürliche Mulchdecke bildet. Allenfalls einige schattenverträgliche Nischenpflanzen gedeihen hier noch. Es wachsen vielleicht Walderdbeeren, das bescheidene Veilchen oder Anemonen und andere Zwiebelgewächse, die ihre Blätter schon wieder zurückziehen, wenn die Rose zu wachsen beginnt. Solche Natursituationen können wir als Vorbild nutzen und versuchen, sie im Garten nachzubauen.

Rosen und frühblühende Zwiebelpflanzen sind eine ideale Kombination, bevor die Rosen richtig wachsen.

Praxis.

Rosenbegleitpflanzen

Die wichtigsten Praxistipps zur Pflanzung und Kombination ergeben sich schon aus dem ersten Abschnitt. Daher möchte ich hier einfach ein paar Empfehlungen für Rosenbegleiter einfügen. Falls nicht extra aufgeführt, haben alle Pflanzen ähnliche Ansprüche an den Boden wie die Rose selbst.

Hintergrundstauden

Mehrjähriger Rittersporn *(Delphinum)*. Silberkerze *(Cimicifuga)*. Hohe Ziergräser (zum Beispiel *Molinia*), Lupine *(Lupinus)* und Baldrian *(Valeriana)* auf eher feuchten Standorten.

Direkte Begleitstauden zum neben oder vor die Rose pflanzen

(Höhe bei der Planung beachten) Koreaminze *(Agastache)*. Steppen-Salbei (*Salvia nemorosa*, zum Beispiel *S. nemorosa* 'Caradonna'). Storchschnabel *(Geranium)*. Kissen-Aster *(Aster dumosus)*. Steinquendel *(Calamintha)*, Katzenminze *(Nepeta)*. niedrige Lavendelsorten *(Lavandula*, auf trockenen, mageren Standorten), Verbene *(Verbena)*, Teppich-Phlox *(Phlox subulata)*; gut geeignet sind hierzu auch viele Kräuter: Johanniskraut (*Hypericum*, auf eher trockenen Standorten). Ysop (*Hyssopus*). Gewürz-Salbei *(Salvia)*. Thymian *(Thymus)*.

Pflanzen, die man auch direkt unter die Rose wachsen lassen darf

Dies ist immer ein wenig kritisch zu sehen. Als Faustregel gilt: Je höher eine Rose wächst und je älter der Strauch ist, desto unproblematischer ist es. Bei einer alten eingewurzelten großen Strauchrose (die obendrein noch einen recht geringen Nährstoffbedarf hat, wie zum Beispiel eine einmalblühende) kann man auch einmal eine Kriechstaude wie die Walderdbeere oder Thymian wachsen lassen. Wir beschränken uns bei dieser Empfehlung auf besonders verträgliche Arten:

Walderdbeeren unter Bodendeckerrosen.

- alle Zwiebelgewächse, die sehr früh austreiben und bereits wieder einziehen, bevor die Rose massiv austreibt, zum Beispiel Schneeglöckchen, Winterling, Traubenhyazinthe *(Muscari)*, Blausterne *(Scilla)*, Puschkinia sowie früh blühende Tulpen und Osterglocken.
- Echtes Veilchen *(Viola odorata)*. Wald-Erdbeere *(Fragaria vesca)*. Echter Stein-Klee *(Bokharaklee)*, Stiefmütterche (Wildformen), Thymian *(Thymus)*, Storchschnabel-Arten *(Geranium)*.

Das weiterführende Biogarten- und Permakultur-Magazin. Gartenpraktiker geben in leicht verständlicher Weise ihr umfassendes Erfahrungswissen weiter. Die Themen werden nutzorientiert, lehrreich, anschaulich und unterhaltsam vermittelt.

Bitte
ausreichend
frankieren

Antwort

OLV
Organischer Landbau Verlag
Kurt Walter Lau

Gut Neuenhof
Im Kuckucksfeld 1
47624 Kevelaer

Gedanken zu den Rosenkavalieren

Der „Hofstaat der Königin" – der Titel dieses Kapitels – sagt eigentlich schon alles aus. Unsere Rose ist als die Königin unserer Gartenblumen weithin bekannt und geachtet. Eine Königin braucht auch einen Hofstaat, denn was wäre sie ohne ihn, gar ohne Untertanen? Sie wäre einfach keine Königin mehr! Gleichzeitig offenbart uns diese Metapher aber auch die vorhergehenden Ausführungen, denn so sehr sie ihren Hofstaat braucht und auch schätzen mag: bitteschön auf Abstand, wie es sich für das Volk gehört! Rückt ihr einer zu nahe, dann nimmt sie das übel! Die Rose ist und bleibt halt immer ein wenig die Diva, die auch Ansprüche stellt.

Blaue Stauden passen immer zu Rosen: Lavaglut und Polsterglockenblümchen.

Gänse als lebendige Rasenmäher halten das Gras in unserer Rosenschule kurz und lassen aber die Rosen unbeschädigt.

Vom Ursprung der Rose

Den Rosenzweig benagt ein Lämmchen auf der Weide,
Es tuts nur sich zur Lust, es tuts nicht ihm zuleide.
Dafür hat Rosendorn dem Lämmchen abgezwackt
Ein Flöckchen Wolle nur; es ward davon nicht nackt.
Das Flöckchen hielt der Dorn in scharfen Fingern fest;
Da kam die Nachtigall und wollte baun ihr Nest.
Sie sprach: „Tu auf die Hand und gib das Flöckchen mir,
Und ist mein Nest gebaut, sing ich zum Danke Dir“.
Er gab, sie nahm und baut, und als sie nun gesungen,
Da ist am Rosendorn vor Lust die Ros entsprungen!

Friedrich Rückert, (1788-1866)

Vom Rosenschneiden und Blütenessen

Warum es der Rose gut tut abgefressen, verspeist und geschnitten zu werden

Vom Rosenfraß und Rosenwuchs

Wer schon einmal Kaninchen oder Rehe zu Besuch im Rosengarten hatte, wird mir zu recht vehement widersprechen, denn diese Feinschmecker können den Rosen mehr als heftig zusetzen. Rosen schmecken halt einfach zu gut! Spezialisten unter den Rehen bevorzugen sogar bestimmte Rosensorten. Wenn sie jedoch nicht ständig fressen, sondern sich wie das Lämmchen wieder trollen, ist gut zu beobachten, dass die Rosen danach umso heftiger wieder austreiben. Das Abfressen hat die Pflanze regelrecht dazu angespornt, umso heftiger wieder auszutreiben. Diesen einfachen Effekt kennt jeder vom Rasenmähen. Bei den Rosengärtnern ist er als logische Regel bekannt: Wer keine Blumen schneidet, hat keine!

Voraussetzung ist natürlich, dass es öfterblühende Rosen sind – einmalblühende bringen auch bei abgefressenen Knospen im selben Jahr nur neue Triebe hervor – und vor allem, dass der Rose nicht zu oft die Triebe und das Laub und nicht zu viel davon genommen werden. Etwa 50 bis 70 Prozent des Laubes sollten erhalten bleiben, um einen optimalen Neuaustrieb bilden zu können. In der Natur gibt es dafür interessante Mechanismen. Bestimmte Bäume in Afrika bilden Giftstoffe, die ihr Laub ungenießbar werden lassen, wenn sie von Giraffen angefressen werden. So muss die Giraffe weiterziehen, um neue Bäume zu suchen, und die angefressenen Bäume treiben ungestört wieder neu aus. Bei den Gartenrosen nutzen wir diesen Effekt aus, um einen schnellen Neuaustrieb und somit mehr neue Blüten zu erreichen. Wenn wir sie selbst verspeisen (beziehungsweise unsere kulinarischen Rosenspezialitäten herstellen) wollen, werden nur die Blüten abgepflückt.

Dadurch können sich zwar keine Hagebutten bilden, aber richtig stark zu Neuaustrieb angeregt werden die Rosen nur, wenn man die komplette Blütendolde bis zum ersten voll ausgebildeten Laubblatt entfernt. Nur aus einem kräftigen Blatt kann auch ein kräftiger Neuaustrieb erfolgen, und ein leichter Blattverlust regt die Pflanze an, schnell wieder neues Laub zu bilden. Ein wenig herzhafter zu schneiden ist also erwünscht.

Nach einer griechischen Legende soll einst ein Esel in einen Weinberg eingedrungen sein und die Rebstöcke arg verbissen haben. Als der Weinbauer merkte, dass diese Reben im folgenden Jahr die doppelte Zahl Trauben trugen, schnitt er fortan alljährlich seine Reben. Ich könnte mir gut vorstellen, dass der Rosenschnitt ähnlich entstanden ist.

Beim Frühjahrsschnitt, der wichtigsten Pflegemaßnahme im Rosengarten, wird meist noch kräftiger geschnitten als im Sommer, denn da muss man keinerlei

Rücksicht auf das Laub nehmen. Es ist meist ohnehin schon runtergefallen. Die nach dem Schnitt noch haftenden Blätter werden entfernt, um Krankheiten vorzubeugen. Bei dieser Gelegenheit kann man auch Rosen nach bestimmten Kriterien formieren, das heißt, sie aufbinden und Formschnitte vornehmen.

Ein guter Rosenschnitt zielt allerdings immer darauf ab, die Rosen vom alten vergreisten Holz zu befreien und beim Schnitt die natürliche Wuchsform der Rose eher zu fördern und zu unterstützen. Es gibt beinahe so viele verschiedene Rosenschnittmethoden, wie es Rosenarten gibt. Jede Methode hat ihre Richtigkeit und ihre Berechtigung, wenn man sie bei der entsprechenden Rosenart anwendet. Im Praxisteil dieses Kapitels haben wir daher die verschiedenen Schnittmethoden separat der jeweiligen Rosenart bzw. der Gruppe, für die man sie anwenden sollte, zugeordnet.

Klassischer Strauchrosenschnitt: 'Lichtkönigin Lucia'

Die botanische Familie der Rosengewächse *(Rosaceae)* umfasst allerhand verschiedenartige Pflanzen. Interessanterweise gehören dazu fast alle unserer heimischen Obstarten. Die Palette beginnt mit dem großen Speierlingsbaum, geht über das Kernobst wie Birne, Apfel, Quitte und Mispel weiter zum Steinobst wie

Schnittauswirkungen bei 'Pompon de Bourgogne'. Rechts: Lavendel geschnitten, links ungeschnitten.

Zwetschge, Mirabelle, Pfirsich und Mandel bis zu Beerenobst wie Brombeere, Himbeere und sogar Erdbeere. Allen gemeinsam sind äußerlich die fünf Blütenblätter. Vom Pflanzenbild her sind sie aber sehr unterschiedlich geformt. Man findet von der Staude bis zum Baum alle Wuchsformen. Will man die Rose selbst dort einsortieren, so ähnelt sie am ehesten den Himbeeren und Brombeeren: Sie bildet keinen festen Stamm, sondern ist ein Halbstrauch, ein Mittelding zwischen Strauch und Staude. Sie erneuert sich immer wieder mit neuen Trieben aus der Pflanzenbasis und lässt alte Triebe wieder absterben.

Daraus kann man auch die sinnvollste Schnittechnik ableiten: Ähnlich wie bei den Himbeeren gilt es, alte Triebe zu entfernen, damit die jungen wieder gedeihen können. Je nach Rosenart wiederum unterscheidet sich die Schnittechnik, aber das Grundprinzip bleibt: Altes muss dem Neuen weichen. Speziell bei vielen Kletterrosen ist dieses Wuchsverhalten sehr gut zu beobachten. Die neuen jungen „Angelruten“ wachsen im August und September. Daran bilden sich im kommenden Juni die schönsten Blüten.

Eine weitere Grundregel schließt sich hier

nahtlos an: Einmalblühende Rosen werden zurückhaltend geschnitten. Sie brauchen wie die normalen Himbeeren zumindest ihre vorjährigen Triebe, um Blüten zu bilden. Öfterblühende Rosen hingegen können sehr stark zurückgeschnitten werden. Sie bilden wie die so genannten zweimal tragenden Himbeeren sofort Blüten am jungen Holz.

Mit dem Rückschnitt können sie auch die Größe und die Menge der Blüten beeinflussen: Ein zaghafter Rückschnitt belässt der Rose viele Augen, aus denen sie austreiben kann. Die Folge ist, dass sie viele Blüten bildet, die aber eher klein sind. Ein kräftiger Rückschnitt belässt der Rose wenige Augen zum Austrieb mit der Folge, dass sie wenige, aber sehr große Blüten bildet. Meist nimmt die Rose auch manchen Schnittfehler geduldig hin, aber nicht jeden! Als mir einmal ein Kunde am Telefon das Problem schilderte, dass seine Kletterrose am Rosenbogen nicht wachsen würde, war ich natürlich bemüht, eine Ursache zu finden.

„Sie werden einfach nicht höher als einen Meter", sagte er. Ja, gedüngt habe er im Jahr nach der Pflanzung, auch gesund seien sie und blühten jetzt bereits im dritten Jahr sehr prächtig. „Und nach der Blüte, da machen sie immer so furchtbare lange Wildtriebe. Die schneide ich auch immer sofort alle ab!" Der Mann hatte natürlich immer die neuen Basistriebe entfernt, die der Kletterrose das Klettern erst ermöglichen. „Das waren aber bestimmt alles Wilde. Die hatten immer sieben Fiederblätter", versicherte er mir noch. Er war aber einem alten Irrtum aufgesessen, denn wie er mir sagte, entsprangen seine „wilden" Triebe den edlen, was nicht möglich ist, denn Wildtriebe können nur aus der wilden Wurzel einer Rose entspringen. Der Kunde beließ daraufhin seiner Rose die Langtriebe und binnen etwas mehr als einem Jahr war der Bogen zugewachsen! Mehr zum richtigen Entfernen von Wildtrieben finden Sie in Kapitel 15, Pflanzen und vermehren.

Vor den Ausführungen zum Rosenschnitt noch ein Warnhinweis:

Es gibt etwas Besseres als gute Erklärungen: die Praxis. Machen Sie einen Rosenschnittkurs und vor allem beobachten Sie Ihre Rosen anschließend dabei, wie sie auf den Schnitt reagieren, denn oft kann man von Eseln viel lernen! Nicht nur von denen mit vier Beinen, manchmal auch von den zweibeinigen.

Oben und unten: Schnitt 'Super Fairy'

Praxis.

Der Rosenschnitt

1. Winterschnitt (Februar bis April)

Grundsätzliches zum Rosenschnitt im Winter

• Grundsätzlich sollte man vor dem Schnitt wissen, um welche Rosenart es sich grob handelt, speziell ob es einmalblühende oder öfterblühende sind. Die Spezialschnitttechniken sind ohnehin meist auf bestimmte Rosenarten abgestimmt.
• Je kräftiger geschnitten wird, desto kräftiger treiben die Rosen aus. Ein kräftiger Schnitt verteilt die Austriebskraft der Rose auf weniger Augen; diese werden also kräftiger wachsen und wenige, aber große Blüten bilden. Wird eine einmalblühende Rose aber zu stark geschnitten, bildet sie nur neue Basistriebe und blüht in diesem Jahr nicht!
Wenn man mäßig schneidet, erfolgt auch ein mäßiger Austrieb. Ein mäßiger Schnitt verteilt die Austriebskraft der Rose nämlich auf viele Augen; diese wachsen mäßiger und bilde sehr viele, aber kleinere Blüten. Wer stärker zurückschneidet, dessen Rosen wachsen also mehr! Die Sache verhält sich also genau umgekehrt, wie man denkt.

Grundschnittregeln

Abgesehen von den speziellen Schnittechniken, die für die jeweiligen Rosengruppen optimiert sind, können Sie alle Rosen nach diesen Grundregeln schneiden. Dabei machen Sie nichts verkehrt und können sich langsam an die Wuchseigenschaften Ihrer Rosen herantasten.

• Abgestorbene Äste entfernen.
• Den Strauch auslichten, wobei man vornehmlich alte vergreiste Triebe entfernt: Dabei ist darauf zu achten, dass man maximal 30 bis 40 Prozent der Triebe entfernt, und dass die stehen bleibenden Triebe gleichmäßig verteilt sind. Jeder sollte ein wenig Platz um sich herum haben, damit auch seine Neuaustriebe wachsen können.
• Die verbleibenden Triebe um etwa ein Drittel einkürzen: Dabei muss man auf die Strauchform achten, das heißt, in der Mitte etwas höher und vorne und seitlich etwas tiefer schneiden. Bei geschlossenen Rosenbeeten oder Strauchgruppen gilt dieser Formschnitt natürlich für die gesamte

Klassischer Strauchrosenschnitt: 'Lichtkönigin Lucia' ungeschnitten...

zurückgeschnitten...

1) „Lavendelschnitt": Rosenhecke aus 'Blush Damask' abmähen und danach totes Holz entfernen
2) fertig geschnittene Hecke 3) Austrieb nach dem Schnitt

Gruppe und nicht für jede einzelne Pflanze.

- Eventuell noch vorhandene schwache Seitentriebe einkürzen.
- Auf die obige Regel achten:

Einmalblühende müssen weniger geschnitten werden, öfterblühende kräftiger.

Öfterblühende Rosenbeete

(Beetrosen, bodendeckende Rosen und auch Edelrosen)

- Alle Triebe auf 10 cm (bei hohen Pflanzen maximal 20 cm) einkürzen.
- Dünne, schwache und überalterte Triebe ganz entfernen.

Öfterblühende Strauchrosen

- Nach der obigen Grundschnittregel schneiden.
- Etwas kräftiger (circa um ein Drittel, maximal um zwei Drittel der Strauchgröße) einkürzen.

Einmalblühende Strauchrosen

- Nach der obigen Grundregel schneiden.
- Sehr wenig einkürzen.

Sonderschnittform: der „Lavendelschnitt"

- Die Rose wird mit der Heckenschere formiert, am besten halbkugelförmig, wie die normale Wuchsform.
- Es werden nur tote oder fast abgestorbene Triebe entfernt. Diese Schnitttechnik bewährt sich besonders bei den *Gallica*-Rosen. Man kann sie ähnlich wie eine Hecke bereits von Jugend an so formieren und dann jährlich nur noch wenige Zentimeter größer werden lassen. Je nach Notwendigkeit kann man sie auch einmalig wieder kräftiger zurückschneiden und dann von neuem höher werden lassen. Viele Rosen lassen sich so auch zu wunderbaren dichten Blütenhecken erziehen. Wichtig ist, die Hecke unbedingt halbrund zu schneiden. Eckige Heckenformen entwickeln sich aus Rosen schlecht.

Sonderschnittform „Samson"

Viele einmalblühende Rosen bilden wunderschöne natürliche, oft breit überhängende Sträucher, wenn man sie einfach frei wachsen lässt. Wenn Sie ausreichend Platz und Sinn für Natur haben, finden Sie ein paar Tipps unter einmalblühende Kletterrosen.

Sonderschnittform „formierte Rose"

Gleich wie beim „Brombeerschnitt" der Kletterrosen entfernt man alles alte, und auch das sehr fein verzweigte, schwache Holz. Lediglich die kräftigen langen Ruten der letzten zwei Jahre bleiben stehen.

Rosenkuppel „Raubritter" fertig geschnitten.

Wenn dies zu wenige sind, kann man einige ältere belassen und verjüngen, indem man ihnen alles Seitenholz entfernt. Dann kann man die Rose in beliebige Formen binden. Klassisch ist das so genannte Niederbiegen, bei dem die Triebe waagerecht über dem Boden festgehakt werden. Die gebundenen Triebe bilden durch das waagerechte Liegen große Mengen an Blüten, weil alle Knospen austreiben. Gleichzeitig können die neuen Langtriebe, die nach dem ersten Blütenflor entstehen, aus der Mitte der Pflanze heraus ungehindert wachsen.

Besonders Rosen, die solche Langtriebe besonders ausgeprägt bilden, eignen sich besonders gut für diese Schnittform. Bei normaler Behandlung fallen sie regelmäßig auseinander, brechen sogar ab und bilden unschöne Sträucher. Dies ist bei vielen Remontantrosen der Fall wie bei 'Mrs. John Laing' oder 'Ulrich Brunner fils', aber auch bei neueren Sorten wie 'Gertrude Jekyll'. Der Vielfalt der Formen sind hier fast keine Grenzen gesetzt. Als zwei besondere Klassiker nenne ich hier insbesondere die Rosenpyramide und die Rosengirlande. Gerade Problemrosen, welche an ihrem Standort unschöne lange Triebe bilden, lassen sich mit etwas Phantasie zu besonderen Schönheiten erziehen, und seien es nur einige wenige Triebe, die man an einem vorhandenen Geländer entlangführt. Die Wuchskraft der Rose muss natürlich der geplanten Größe der Form angepasst sein, wobei sich eine Rose mit der Bindetechnik durchaus etwas höher ziehen lässt wie als Strauch. Gutes Beispiel sind hier die vielen

1) Schnitt Rosenkuppel „Raubritter": vorher 2) ausgelichtet 3) gebunden

Schnitt Rosenkuppel „Raubritter" in voller Blüte.

Englischen Rosen wie 'The Pilgrim' oder 'Crown Princess Margareta', die beim Strauchschnitt auf 1,2 bis 1,5 m gehalten werden, als Form gebunden aber bis zu 2,5 m hoch wachsen können.
Beim Formieren und Binden gibt es eine besonders wichtige Grundregel: Senkrecht stehende Triebe wachsen oft nur an der Spitze weiter, während waagerecht liegende aus allen Knospen austreiben. Es gilt also, möglichst viele Triebe waagerecht oder zumindest sanft ansteigend anzubinden, um ein fülliges Wachsen und Blühen zu fördern. Bei Obelisken kann man zum Beispiel durchaus einen oder mehrere der längsten Triebe senkrecht wachsen lassen, um zunächst Höhe zu gewinnen. Alle anderen werden dann in sanft ansteigenden Bogen um den Obelisk herumgeführt. In ganz hartnäckigen Fällen von Rosen, die nur nach oben „schießen", hilft ein besonderer Trick: Belassen Sie die stärksten Triebe ganz waagerecht, bis Anfang Mai alle Knospen ausgetrieben haben. Erst dann binden Sie diese hoch.

Öfterblühende Kletterrosen (Climber und Rambler)

• Alte, vergreiste Triebe ganz entfernen.

• Bei den jüngeren Trieben schwaches Seitenholz einkürzen.

• Triebe am Klettergerüst anbinden, bevorzugt waagerecht oder nur sanft ansteigend, damit sich mehr Blüten bilden lediglich: Wenn man schnell Höhe gewinnen will, bindet man einige Triebe senkrecht.

• Je nachdem, wie dicht und groß eine Kletterrose ist, muss man oft viel altes Holz entfernen. Es ist dann schwierig, den Überblick zu behalten, besonders da oft die neuen Klettertriebe auf den alten Trieben aufbauen. Hilfreich ist dann der „Wackeltrick": Wackeln sie einmal kräftig an dem Trieb, den Sie entfernen wollen. Dann sehen Sie, was alles zu ihm gehört und wie viele und welche jungen Triebe aus ihm herauswachsen. So behalten Sie den Überblick und können besser entscheiden, welcher Trieb wirklich alt ist und entfernt werden sollte.

Sonderschnittform „Brombeerschnitt"

• Nur vorjährige Triebe (so genannte Angelruten) werden belassen.

• Alle älteren Triebe entfernen, nur wenn keine jüngeren Triebe vorhanden sind, werden Ältere belassen, denen man die Seitentriebe einkürzt.

Diese Schnittform ist nichts weiter als die extreme Ausführung des normalen Schnittes. Sie geht aber natürlich nur, wenn genug junge „Angelruten“ vorhanden sind. Die Schwierigkeit dabei ist, dass die „Angelruten“ nicht wie bei den Brombeeren nur aus dem Boden entspringen, sondern oft auf älteren Trieben „aufsitzen“. Daher sollten Sie die Rose immer von oben nach unten durcharbeiten, damit man nicht den falschen Trieb entfernt.

Einmalblühende Kletterrosen (überwiegend die Rambler)

Wahlweise können Sie die zwei gleichen Methoden wie bei öfterblühenden Kletterrosen anwenden, wobei man hier auch zu 3- bis 4-jährigen Schnittintervallen übergehen kann, oder Sie entscheiden sich für die Sonderform „Samson“.

Kletterrose: Triebe müssen an einem Gerüst angebunden werden.

'Blush Damask' als Samson-Schnitt vor dem Korrekturschnitt mit viel Totholz.

Sonderform „Samson“

Benannt ist diese Schnittform nach der Geschichte von Samson im alten Testament, der übermenschliche Kräfte hatte, weil er sich nie die Haare schneiden ließ! Die Vorgabe lautet dem entsprechend: einfach gar nicht schneiden, nur im Jugendstadium anbinden und dann weiterwuchern lassen. Diese Wuchsform funktioniert sehr gut, und die Rosen gedeihen prächtig. Sie ist allerdings etwas für Naturfreaks oder „wilde“ Gartenecken, denn nach einigen Jahren bildet sich immer mehr abgestorbenes Holz und sogar hängen gebliebenes Laub. Solange die Rose immer wieder genug junge Triebe bildet, überwuchert sie die toten Triebe von selbst.

Sie wird aber dabei immer wuchtiger und irgendwann ist sie entweder absolut zu groß, zu stark vergreist, von Pilzkrankheiten geplagt oder alles gleichzeitig. Manchmal bricht sie sogar einfach auseinander.

'Blush Damask' als Samson-Schnitt: Neuer Flor nach Korrekturschnitt.

Will man dann einen Korrekturschnitt durchführen, ist dies sehr aufwändig und erfordert durchaus auch Erfahrung. Abhilfe schafft oft nur ein radikales Absägen über dem Boden. Die Rose baut sich dann meist sehr schnell wieder neu auf. Wenn man Rambler in alte Bäume wuchern lässt, ist dies die einzig mögliche Methode. Meist sind sie auch so lange wunderschön, bis der Baum (der beim Pflanzen der Rose ja meist ohnehin schon älter war) umfällt. In diesem Fall muss dann die Motorsäge her. Man entsorgt die Rosenäste einfach komplett mit dem Baum und baut der Rose ein neues Klettergerüst.

So verschieden die Rosen sind, so unterschiedlich muss man sie oft auch beim Schnitt behandeln. Patentrezepte gibt es nicht, wer aber nur zwei Haare hat, dem kann man keinen Zopf flechten. Wenn Sie einem gestandenen Bayern in seinen üppigen Vollbart Rastalocken flechten, wird er sich nicht wohlfühlen. Versuchen Sie, Ihre Rosen kennen zu lernen und beim Schnitt auf ihre Bedürfnisse einzugehen.

Der Schnitt von Stammrosen

Der Kronenschnitt erfolgt nach den gleichen Grundregeln wie bei den niedrigen Rosen. Es sind ja auch die gleichen Sorten, nur eben auf einen Stamm veredelt. Da man bei der Stammrose eine besonders dichte und gleichförmige Krone erreichen will, richtet man beim Schneiden das Augenmerk immer etwas stärker auf eine gleichmäßige Form. Hierzu gibt es zwei ausgeprägte Möglichkeiten:

1. „Kugelkronenschnitt“

Wie bei der Sonderschnittform „Lavendelschnitt“ die Krone gleichmäßig rund schneiden: Dazu kann man auch die Heckenschere benutzen. Totes Holz ist ganz zu entfernen. Lichten Sie altes Holz aus, aber nicht zu stark, um die Form zu wahren.

2. „Kaskadenrosenschnitt“

Wie bei der Sonderschnittform „Brombeerschnitt“ schneiden: Die Langtriebe hängen dann kaskadenförmig herab. Alle Triebe auf etwa eine Länge schneiden, damit die Krone rund und gleichmäßig ist. Ein zusätzliches Herunterbinden der Triebe ist förderlich, meist hängen sie aber spätestens durch das Gewicht der Blüten von selbst herab.

'Stanwell Perpetual' als Stammrose ideal für den Kugelkronenschnitt.

Strauchrose zur Kuppel gebunden

2. Sommerschnittmaßnahmen

Spezialtipp: Rosen Pinzieren

Pinzieren, oder zu Deutsch entspitzen, ist die Technik, die alle Gärtner anwenden, um einen buschigeren Wuchs oder eine bessere Verzweigung zu erreichen. Diese Technik ist nicht zu verwechseln mit dem Stutzen, bei dem alle Triebe teils bis ins Holz zurückgeschnitten werden. Beim Pinzieren werden die jungen, weichen Triebe, sobald sie einige Blätter entwickelt haben, meist mit den Fingernägeln abgezwickt. Das geht schnell und kann auch selektiv nur mit einzelnen Trieben gemacht werden.

Während der Gärtner meist nur pinziert, um buschigere Pflanzen zu erzeugen, macht es der Rosenliebhaber auch, um einen wirklich andauernden Blütenflor zu erreichen. Der ideale Zeitpunkt dafür ist Anfang Mai. Die so behandelten Triebe verzweigen sich und blühen durch das Pinzieren erst etwa Mitte Juli, während unpinzierte Triebe bereits Mitte Juni blühen. Wer den Zeitpunkt geschickt wählt, hat an seinen Rosen bereits wieder neue Knospen, wenn die Ersten verblüht sind. Wichtig ist es, nicht zu sparsam zu sein. Es müssen mindestens 40 Prozent der Triebe einer Pflanze entspitzt werden, damit sie gut austreibt. Anderenfalls kann es passieren, dass die pinzierten Triebe nicht austreiben, weil die Rose alle Energie zunächst in die nicht pinzierten Triebe steckt.

Oben und unten: Pinzieren (entspitzen)

Sommerschnitt bei öfterblühenden Rosen

Der Sommerschnitt beabsichtigt, bei öfterblühenden Rosen den Neuaustrieb und dadurch die Bildung der zweiten Blüte zu fördern. Hier greifen also gerade die Regeln, die wir anfangs vom Abfressen durch Tiere abgeleitet haben. Bei einer Rose, die nicht zurückgeschnitten wird,

Hochstammrose 'R. Uetersen' pinziert.

verlangsamen sich die Lebensvorgänge in den vorhandenen Trieben.
Speziell auch die Blätter im Inneren der Pflanze beteiligen sich weniger an den Lebensvorgängen und werden oft ein Herd für Rostkrankheiten und Spinnmilben. Wenn Sie die verblühten Triebe zurückschneiden, treiben sie schneller wieder neu aus. Die unteren Blätter bekommen mehr Licht und bleiben gesünder. Die Blüten(-dolden) sollten stets zusammen mit den oberen kleineren Blättern mindestens bis zum ersten voll entwickelten Laubblatt zurückgeschnitten werden.
Je kräftiger man zurückschneidet, desto kräftiger erfolgt auch der neue Austrieb. Dieser wiederum bringt dann auch große, kräftige Blüten. Es ist also durchaus sinnvoll, kräftig zurückzuschneiden, auch damit die unteren Blätter wieder aktiv werden. Allerdings sollten 50 bis 70 Prozent des Laubes erhalten bleiben, damit die Rose genug Kraft behält. Am wichtigsten und sinnvollsten ist der Schnitt nach dem ersten Blütenflor. Nach dem zweiten Flor ist er weniger erfolgreich.
Zudem ist abzuwägen, ob der Rose noch genügend Zeit verbleibt, um bis zum Herbst noch einen letzten Flor auszubilden. Dazu braucht die Rose sechs bis acht Wochen; der letzte sinnvolle Zeitpunkt dazu ist also meist Anfang August. Bei nur schwach oder schlecht nachblühenden Rosen wie zum Beispiel den Remontantrosen ist der zweite Sommerschnitt meist nicht ratsam. Diese Rosen entwickeln sich eher wie Kletterrosen und sollten Gelegenheit bekommen, neue Langtriebe zu

bilden. Ebenso gibt es viele öfterblühende Rosen, die auch Hagebutten bilden können. Als Beispiel seien hier nur 'Bonica 82', 'Ballerina' und 'Morning Jewel' genannt. Wenn man die schönen Hagebutten fördern will, so verzichtet man einfach auf den Sommerschnitt.
Bei größeren Pflanzen oder gar Pflanzengruppen kann man auch nur teilweise schneiden und so beides haben:
Hagebutten und eine zweite Blüte!

Kletterosen: Brombeerschnitt mit Formierung zur Girlande.

Sonderschnittform „Sommerschnitt bei einmalblühenden Rosen"

Dieser Schnitt ist die absolute Ausnahme. Er ist nicht immer nötig. Grundsätzlich ist bei den einmalblühenden Rosen eine perfekte Pflege auch ohne Sommerschnitt erreichbar.

Außerdem bringt uns der Sommerschnitt oft um schöne Hagebutten, ist also gerade bei Hagebutten bildenden Rosen nur sinnvoll, wenn man statt der Hagebutten mehr Wachstum fördern will. Wenn der Sommerschnitt durchgeführt wird, sollte er sich immer an der bereits im Winter angewendeten Technik orientieren. Daher hier nun die entsprechenden Sonderregeln: Beim normalen Auslichtungssommerschnitt werden im Juli die schwachen und abgeblühten alten Triebe entfernt, um die jüngeren zu stärken. Speziell wenn diese bereits erkrankt sind oder die

Fertige Formierung

Pflanze zu dicht ist und deshalb Triebe absterben, ist es sinnvoll, diese schon im Sommer zu entfernen. Üblicherweise, wie gesagt, kann man dies beim Winterschnitt erledigen.

Sonderschnittform „Lavendelschnitt, Sommervariante"

Der Rosenstrauch wird nach der Blüte ein weiteres Mal, wie bereits im Frühling geschehen, mit der Heckenschere formiert. Dies kann aus zwei Gründen sinnvoll sein: zum einen wenn der Strauch nicht dicht genug ist, also nur wenige Jungtriebe bildet, die in die Höhe schießen, und der Strauch auseinanderfällt; zum anderen wenn eine Rose eigentlich zu groß für ihren Standort wächst. Ein zweiter Rückschnitt im Sommer hält sie dann in Form und verhindert zu starkes Längenwachstum.

Sonderschnittform „Brombeerschnitt, Sommervariante"

Hierbei werden, genauso wie beim Winterschnitt, die verblühten Ruten entfernt, und nur die neuen Langtriebe bleiben stehen. Dieser Schnitt verhindert natürlich die Hagebuttenbildung. Wenn er im Sommer bereits komplett ausgeführt wird, entfällt der Winterschnitt. Voraussetzung für die Ausführung dieses Schnittes ist selbstverständlich, dass sich bereits genug neue „Angelrutentriebe" zu entwickeln beginnen. Diese werden durch den Schnitt dann stark gefördert und zum Längenwachstum angeregt.

Sonderschnittform „Schönheitsschnitt" bei Ramblerrosen

Dieser Schnitt kann angewendet werden bei Ramblerrosen, die bereits die gewünschte Ausdehnung erreicht haben und nicht mehr wesentlich größer werden sollen. Er ist das genaue Gegenteil vom „Brombeerschnitt".
Man entfernt kurz vor der Blüte alle neuen „Angelrutentriebe", die sich bereits gebildet haben. Dadurch stören die jungen Triebe die Optik der blühenden Rose nicht. Sie erscheint in der Blüte in vollendeter Form, weil nur die bereits im Frühling vorhandenen Triebe bleiben, die jetzt die Kurztriebe mit den Blüten tragen.
Der Rose bleibt durchaus Kraft genug, nach der Blüte noch einmal neue Langtriebe anzusetzen. Diese erreichen aber nicht mehr die volle Länge, welche die ersten Triebe erreicht hätten.

Sommerschnitt: „Schönheitsschnitt" bei Ramblerrose 'Hiawatha': vorher...

...fertig

Gedanken zum Rosenschnitt

Warum werden Rosen überhaupt geschnitten? Als mir ein Teilnehmer bei einem unserer ersten Rosenschnittkurse diese Frage stellte, war ich zunächst etwas verblüfft. Unsere Familie kultiviert seit vier Generationen Rosen; die Praxis hatte ich von Kindesbeinen an miterlebt und erlernt. Der Kulturerfolg war offensichtlich, aber eine mündliche Begründung hatte ich nie benötigt. Die nachgeschobene Feststellung: „Andere Gartenpflanzen schneidet man ja auch nicht!" lieferte mir schließlich die Begründung frei Haus: Welche Pflanzen schneidet man sonst noch abgesehen von Hecken und zu groß gewachsenen Exemplaren? Alle Obstgehölze!

Obstgehölze werden geschnitten, weil wir etwas von ihnen wollen, nämlich Ertrag – hier in Form von Früchten! Genau dies wollen wir von unseren Rosen ja auch: Blütenertrag! Und genau dies, die Blütenbildung, je nach Sorte auch die Fruchtbildung, können wir durch den Schnitt eklatant verbessern. Wild und frei wachsende Rosen haben durchaus auch ihren Reiz, und wie wir an den Ramblerrosen sehen, können sie auch im Garten durchaus sehr reizvoll sein. Aber unbestritten können wir ganz andere Wuchsleistungen, Blütenmengen und Blütengrößen, aber auch wunderschöne Wuchsformen erreichen durch alle unsere Bemühungen als Gärtner, maßgeblich aber durch den Schnitt.

Auch das Essen von Rosenblüten hat für die Rose Vorteile! Auf den ersten Blick möchte man sagen: „Na ja, ob der Hase die Blüte frisst oder der Mensch raffinierte Gerichte daraus zubereitet: Die Rose ist weg!" Der Mensch jedoch plant weiter als der Hase. Die Pflanze, die dem Menschen

Jahrelang frei gewachsene Ramblerrosen auszuschneiden ist eine schwierige Sache; hier 'Bobby James'.

Die Sorte 'Hermann Schmidt' – ein perfekter Rosenbogen nach sorgfältigem Schnitt.

schmeckt – und die ihm gefällt – achtet er und vermehrt sie weiter. Letztendlich bringt die Rose dadurch den Menschen dazu, sie zu pflegen und weiter zu vermehren. Gibt es eine raffiniertere Überlebensstrategie?

Vor etwa 100 Jahren, als das Wort „künstlich" noch von Kunst abgeleitet wurde, gab es die schöne Berufsbezeichnung „Kunst- und Handelsgärtnerei". Dass Gärtnern eine Kunst ist, gerät heute in unserer hektischen Zeit, auch bei uns Gärtnern selbst, in Vergessenheit. Aber das wäre ich wirklich gerne, ein Kunstgärtner! Dabei hätte ich natürlich, wie jeder Gärtner, so meine eigenen Vorstellungen von dieser Kunst. Die formalen Muster der Barockgärten sind mir wiederum zu „künstlich" aus heutiger Sicht. Ich halte es eher mit dem Spruch: „Einem wirklich schönen Garten sieht man die pflegende Hand des Gärtners nicht an". Wir haben unsere Freude daran, wenn sich der Garten so mit der Natur vereint, dass der Eindruck entsteht, er wäre ein wenig romantisch verwildert. Zusammen mit mir hat meine Frau große Freude daran, alte Gebäudeteile oder landwirtschaftliche Geräte unserer Großeltern in den Rosengarten zu integrieren. Ich schmunzelte in mich hinein, als ich eine Kundin an einem Tag der offenen Tür zu ihrer Tochter sagen hörte: „Das war sicher früher mal ein schöner alter Hof!" Unser Gartenstück war fünf Jahre vorher noch ein Getreidefeld gewesen!

Rosenblüten am Salat: Wer Rosen verspeist, fördert die Neublütenbildung.

Erst wenn der letzte Baum gerodet,
der letzte Fluss vergiftet,
der letzte Fisch gefangen ist,
werden die Menschen feststellen,
das man Geld nicht essen kann.

Prophezeiung des kanadischen Stammes der Cree

Die ganze moderne Landwirtschaft ist auf dem Maximalbetrieb aufgebaut. Ihre Konsequenz wird auch ein maximaler Bodenruin sein, der uns in absehbarer Zeit als furchtbares Menetekel in die Annalen der Welternährung eingeschrieben werden wird. Denn jedes Maximum führt letzten Endes immer zur mörderischen Auslese, während man durch ein Optimum zu einem erträglichen Ausgleich gelangt. Dies ist eine weltgesetzliche Regelung an welcher noch so viele Erfindungen nichts ändern können.

Annie Francé-Harrar

Von Höchsterträgen und Bodenfruchtbarkeit

Eine Kritik der Landbauchemie und etwas über den Mut, es anders zu machen – ein notwendiges Kapitel auch für unsere Rosen

Der Gärtnerblick auf die Bodenbehandlung

Die Ausführungen im Kapitel „Humussphäre“ sind meiner Ansicht nach die Grundlagen der Bodenbewirtschaftung. Die Mehrzahl der Land bebauenden Menschen in den modernen Ländern arbeitet aber immer noch nach gänzlich anderen Vorstellungen und versucht dem Boden die notwendigen Pflanzennährstoffe mit synthetischen Düngemitteln zuzuführen. Erkrankungen der Pflanze, die als unabwendbare Seuchen angesehen werden, versucht man mit chemischen Mitteln auszurotten oder zumindest einzudämmen. Hartnäckig wird behauptet, dies sei die einzige Möglichkeit, Höchsterträge zu erwirtschaften, um letztendlich die Welternährung zu sichern. Seit Georges Truffaut, der bereits Anfang des 20. Jahrhunderts zum ersten Mal in größerem Maßstab Chemikalien für den Garten vertrieb, versuchen viele geschäftstüchtige Menschen, seine Weltsicht gewinnbringend weiterzuführen. In Truffauts Schriften und Katalogen betrachtet man den Garten stets als Patient, der nur mit chemischer Medizin am Leben erhalten werden kann. Dabei wird geflissentlich übersehen, dass ein gesunder Boden ohne Weiteres in der Lage ist, aufgrund der vielfältigen Wechselbeziehungen zwischen Mikroorganismen und Pflanzen stetig mehr und mehr organische Substanz aufzubauen. Unsere sämtlichen Kohlevorkommen sind auf diese Weise aus Wäldern entstanden. Selbst heute sind die Wälder (im Gegensatz zu den bebauten Ackerflächen) dazu in der Lage, stetig mehr organische Substanz aufzubauen, als ihnen durch Holznutzung entnommen wird, und das ohne jede Düngung. Diesen Zustand auf den Ackerflächen zu erreichen, ist natürlich ungleich schwerer, da hier viel höhere Ernteerträge erwirtschaftet werden (müssen). Nichtsdestotrotz ist es möglich, und die Landwirte, die diese Kunst beherrschen, sind wahre Fachleute. Ihre Kunst ermöglicht echte „Urproduktion“, die fast keine Ressourcen verbraucht und obendrein noch die Felder für kommende Generationen fruchtbar erhält. Es gibt vielerlei praktische Beispiele dafür, angefangen von den alten Bewässerungskulturen in Ägypten und Südamerika bis zu Selbstversorgerprojekten ganzer Gemeinden über Gärtnerhöfe in unserer Zeit. Statt solche Landwirtschaft zu fördern, versucht man zwanghaft, mit chemischen Düngemitteln Produktionssteigerungen zu erreichen.

Wichtigster Punkt ist dabei die Theorie Liebigs. Er verbrannte Pflanzen und zog aus den verbleibenden Mineralien Rückschlüsse auf die Bedeutung dieser Mineralien im Pflanzenwuchs. Dadurch deckte er auf, welche Funktionen die Mineralien haben und schlussfolgerte, jeder entzogene Nährstoff im Boden müsse wieder zugeführt werden, damit stets alle Nährstoffe in optimalem Maß vorhanden sind. Da gleichzeitig die chemische Synthese von Luftstickstoff erfunden wurde, machte man das Zuführen dieser Stoffe in künstlicher Form zum Nonplusultra der modernen Landbautechnik. Die erstaunlichen Ertragssteigerungen, die diese Mittel hervorriefen, halfen, sie weiträumig einzuführen.

Eine gründliche Bodenbearbeitung darf das Bodenleben nicht schädigen.

Dabei nützt diese Methodik lediglich den Verkäufern dieser Hilfsstoffe. Mittlerweile sind die Agrokonzerne bereits dabei, die Mineraldüngung mit Pflanzenschutz und Gentechnik kombiniert zu benutzen, um sich die weltweite Marktmacht zu sichern. Dieser Vorgang ist nur logisch, denn diesen Menschen fehlt ganz einfach der Blick auf die Gesamtheit der Lebensvorgänge. Sie erforschen einzelne Komponenten bis ins Detail, um alle Möglichkeiten des jeweiligen Wirkstoffs auszuschöpfen. Im Ganzen kann es ihnen aber immer nur darum gehen, Produkte zu verkaufen und Gewinne zu erwirtschaften.

Dies funktioniert aber nur mit kurzfristigem Denken. Stellen Sie sich vor, eine dieser Firmen würde einen chemischen Dünger entwickeln, der kontinuierlich, aber langsam steigende Erträge erbringt, wenn man ihn über zehn Jahre hinweg anwendet. Er wäre einfach kein Verkaufserfolg, denn jeder Anwender will sofort nach einem Jahr die Ertragssteigerung messen können. Wenn dann dieser Dünger noch von Jahr zu Jahr in immer geringerer Menge angewendet werden müsste, bei gleichbleibendem Erfolg, dann könnte der Konzern diesen Dünger nicht auf den Markt bringen, ohne sich selbst zu schaden. Ohnehin ist es nicht möglich, einen synthetischen Dünger mit solchen Wirkungen herzustellen. Wollte man Dünger nach den Theorien Liebigs herstellen, dann müsste man wirklich jede einzelne chemische Substanz genau im richtigen Moment dem Boden zuführen.

Jeder synthetische Stoff enthält aber viele andere Substanzen, die wiederum unerwünschte Nebenwirkungen haben. Lesen Sie einmal die Inhaltsangaben auf einem Sack chemischen Düngers: die drei Stoffe N P K (Stickstoff, Phosphor und Kalium) und eventuell noch einige Nebennährstoffe sind aufgeführt; zusammen sind dies etwa 30 Prozent der Gesamtmenge. Die Zusammensetzung der restlichen 70 Prozent chemischer Stoffe und Salze wird häufig nicht erwähnt. Eine Zuführung rein mineralischer Salze bringt stets eine Disharmonie in den Boden, ebenso wie

Der Autor Werner Ruf betreibt hier eine für das Bodenleben schonende Bodenbearbeitung mit dem Pferd.

eine Übersättigung mit organischer Fäulnis. Diese Ungleichgewichte im Boden fördern dann stets auch die Entwicklung von Pflanzenkrankheiten. Eine immer weiterzuführende Steigerung dieser Methoden ist dadurch zwangsläufig mit vielen Nebenwirkungen verbunden, die dann wieder andere tief greifende Methoden und Hilfsmittel erfordern, wie zum Beispiel chemischen Pflanzenschutz – ein weites Geschäftsfeld! Als Resümee könnte man fast sagen, nicht die Pflanzen auf den Feldern und in den Gärten sind krank, sondern das Anbausystem.

Die intensiven Schnittrosenkulturen unserer Zeit sind ein gutes Beispiel für diese Vorgänge. Das Endergebnis Schnittrose ist ein perfekt gestyltes Einwegprodukt. Zu ihrer Kultur wird ein perfektes Programm von intensiver Düngung und chemischem Pflanzenschutz abgespult. Die Rosen wachsen üppig und krankheitsfrei. Kommt jedoch ein neuer Schädling oder wird ein Mittel unwirksam, kippt oft das ganze System. Schnell wird dann wieder ein neues Hilfspräparat gesucht. Mittlerweile sind allergische Hautkrankheiten bei Floristen als Berufskrankheit anerkannt. Am Ende bleibt nach Jahren ein Feld zurück, welches nur mit größter Anstrengung wieder für den Ackerbau nutzbar ist. Die Chemikalien zerstreuen sich nach einiger Zeit in Grundwasser und Umwelt, doch der abgetötete humusarme Boden ist ausgelaugt und kaum mehr zu bearbeiten. Biologisch kultivierte Rosen hingegen wachsen im Zusammenspiel mit Untersaaten und im Einklang mit der Umgebung. Organische Dünger reichern das Bodenleben an und nur selten muss einmal mit milden Öl- oder Seifenpräparaten gegen Schädlinge eingegriffen werden. Das Feld, welches eine solche Rosenkultur hinterlässt, ist für andere Pflanzen jederzeit wieder fruchtbar; die Kulturmaßnahmen schädigen die Umwelt nicht.

Die Ansprüche der Schnittrosenkunden an eine perfekte lausfreie Rose können diese Rosen allerdings heutzutage oft nicht erfüllen, allein schon deshalb, weil die zurzeit gefragten Rosensorten bereits oft anfällig und überzüchtet sind. Letztendlich ist man aber wohl auch nicht bereit, den für biologisch kultivierte Schnittrosen notwendigen Preis zu bezahlen.

Durch das Unkrautvernichtungsmittel „Roundup“ geschädigte Rosen.

Wie wir im Kapitel „Humussphäre“ gesehen haben, hat Liebig die Lösung aus diesem Dilemma später selbst gesehen. Man muss versuchen, die Erde insgesamt fruchtbarer zu machen, indem man neben den reinen, im Moment verfügbaren Pflanzennährstoffen auch die Humusbildung im Boden beachtet. Liebig hatte die Mistzufuhr als damals einzige, bekannte Methode im Auge. Heute sind die biologischen Möglichkeiten dazu fast so unüberschaubar wie die chemischen, und wir müssen aufpassen, dass wir nicht die gleichen Fehler machen wie die Vertreter der synthetischen Düngung, nämlich nur auf einzelne Stoffe zu setzen. Torf war lange Zeit so ein „ökologischer“ Bodenverbesserer. Obwohl er reiner organischer Dauerhumus ist, bringt er keine Bodenfruchtbarkeit und nur diese Fruchtbarkeit im eigentlichen Sinne, nämlich die Fähigkeit, zahlreich gesunde Nachkommen hervorzubringen, kann das Ziel sein. Liebig sah absolut richtig, dass die chemische Düngung zwar immense Ertragssteigerungen bringen kann, aber eben keine echte dauerhafte Fruchtbarkeit. Will man dies erreichen, muss man nicht nur „Biodünger" nehmen, sondern das ganze System hin zu einer sozusagen ganzheitlichen Kultur verändern, deren oberstes Ziel es ist, die Erde fruchtbar zu erhalten. Im biologischen Landbau zulässige Pflanzenbehandlungsmittel und Bodenverbesserer sind stets so beschaffen, dass sie eigentlich keine Substanzen enthalten, die den Boden schädigen. Wenn Sie bei einem Dünger aus rein organischen Bestandteilen die Inhaltstoffe studieren, wie oben für den synthetischen Dünger

Durch Unkrautvernichtungsmittel „Roundup" geschädigte Rosen Beispiel 2.

beschrieben, lesen Sie häufig auf dem Sack nach den gleichen NPK-Angaben wie bei den synthetischen Düngern Angaben wie: „und 75 Prozent organische Substanz" oder „80 Prozent Huminstoffe". Diese Stoffe wirken immer positiv auf das Bodenleben. Letztendlich ist bei diesen Düngern weniger der Gehalt an Pflanzennährstoffen maßgeblich, sondern ihre Fähigkeit, die Bodenfruchtbarkeit selbst zu fördern. Das Problem bei biologischen Pflanzenbehandlungsmittel ist, dass man ihre Wirkungen schlecht voraussagen kann. Die biologischen Vorgänge in unserer Umwelt sind so komplex, dass man meist keine genauen Prognosen machen kann, was passiert. Oft wirken solche Mittel sogar sehr gut bei konventionellen Gärtnern, während sie bei uns versagen. Eigentlich ist dies ganz logisch, weil beim Bioanbau ohnehin die Rahmenbedingungen so gut sind, dass man sie mit einem Biopräparat nicht noch wesentlich verbessern kann. Gemeinsam ist diesen Produkten, dass sie umso seltener und in geringeren Mengen angewendet werden müssen, je besser sie wirken.

Im Laufe der Anwendungen können die Mengen oft immer weiter reduziert werden. Die Hersteller dieser Mittel setzen daher auch mehr auf Kontinuität und Kundenzufriedenheit und weniger auf den schnellen Verkauf und das Abhängigwerden von ihren Produkten. Alle Stoffe, die direkt aus der Natur stammen, können letztendlich auch in natürlichen Prozessen verarbeitet werden. Selbst pflanzliche Gifte sind immer leichter abbaubar als synthetische. Man kann also biologische Dünger und Pflanzenstärkungsmittel ähnlich sehen wie Kräuter in der menschlichen Ernährung: Wenn man auch nicht genau sagen kann, ob sie exakt den gewünschten Nutzen bringen, so schaden sie doch selten. Genau umgekehrt ist es bei der Chemie: Der Schaden ist letztendlich immer garantiert. Gelingt es aber, wenn auch oft erst über Jahre, ein funktionierendes System zu finden, wird man nach und nach immer weniger Arbeit damit haben und immer mehr Kulturerfolge erzielen.

Praxis.

Bodenfruchtbarkeit erzeugen

Weniger ist mehr! Bringen Sie keinerlei synthetische Dünger und Pflanzenbehandlungspräparate aus! Achten Sie beim Kauf darauf, nur Mittel zu erwerben, die zulässig für den ökologischen Landbau nach EU-Ökoverordnung sind. In den vorangegangenen Kapiteln finden Sie viele Grundlagen und Anregungen. Experimentieren Sie und versuchen Sie, Ihr eigenes System zu finden! Jeder Garten ist anders, jede Rose ist anders, jeder Gärtner ist anders.

Der Vertreter unseres Topferdefabrikanten sagte einmal zu mir: „Es kann passieren, dass ich Ihrem Kollegen nebenan das gleiche Rosensubstrat verkaufe wie Ihnen, und bei ihm klappt die Kultur nicht – nur weil er anders gießt!“ Alles, was man tut, schafft immer wieder neue Voraussetzungen. Man kann es auch gerade als das Schöne am biologischen Gärtnern sehen, dass das Gefühl des Gärtners wieder gefragt ist. Niemand hat Patentrezepte und jedes Jahr ist anders als das vorhergehende. Da hilft nur ausprobieren, beobachten und immer wieder Neues lernen. Als ich einmal mit einem wetterbedingten Problem haderte, sagte mein Vater zu mir: „Mein Sohn, ich mache das jetzt schon über 50 Jahre, und jedes Jahr ist etwas anderes!“

Probieren Sie organische Dünger und Pflanzenstärkungsmittel aus, aber bedenken Sie immer, dass ein Rädchen ins andere greift und dass es kein Wundermittel gibt. Lenken Sie immer wieder den Blick auf das Ganze und kombinieren Sie wie Sherlock Holmes, wenn ein Problem ansteht. Bodenuntersuchungen können durchaus hilfreich sein, um einmal einen Stand der Nährstoffe zu dokumentieren. Leider gibt es kaum mehr Möglichkeiten, als den momentanen Gehalt an Grundnährstoffen zu bestimmen. Hier eine Adresse, bei der Sie weitergehende Informationen bekommen können:

Mechanische Unkrautbekämpfung in Wildrosen: hacken und striegeln.

BTQ – Gesellschaft für Boden, Technik, Qualität:

Birkenstr. 10
74592 Kirchberg/Jagst
Tel. 07954-216
Fax 07954-925995
E-Mail: hartmut.heilmann@t-online.de
Internet: http://btq-bundesverband.de

Ein kleiner biologischer Rosenpflegekalender

Ende Februar: Jetzt ist es bald vorbei mit der Winterruhe für Pflanzen und Gärtner. Halten Sie schon einmal langsam Ausschau nach dem mittelfristigen Wetterbericht. Sobald die erste frostfreie Woche in Sicht ist, können im Raum überwinterte Kübelrosen bereits wieder an die Außentemperatur gewöhnt werden. Schneiden Sie die Rosen ruhig sofort beim Ausräumen zurück; bleiche „Spargeltriebe" sollten unbedingt entfernt werden. Sobald die Rose eine Woche im Freien war, verträgt sie bereits wieder leichte Nachtfröste. Stellen Sie die Pflanze geschützt und decken Sie sie notfalls noch mal mit Tüchern und/oder Vlies ab. Extrem frostharte Sorten wie Gallica- und Alba-Rosen können bereits jetzt geschnitten werden.

Mechanische Unkrautbekämpfung in Wildrosen – Nochmals: hacken und striegeln.

März: Jetzt ist die wichtigste Zeit für den Rosenschnitt. Wenn Sie nur wenige Rosen oder etwas empfindlichere Sorten haben, können Sie den Optimalzeitpunkt abwarten: die Forsyhienblüte. Gleich danach können Sie das Ausbringen organischer Dünger vornehmen. Diese brauchen nämlich Feuchtigkeit und Wärme, aber auch Zeit zur Umsetzung. Ab jetzt können auch Mulchdecken ausgebracht werden. Außerdem ist der März eine gute Pflanzzeit für wurzelnackte Rosen.

April: Erledigen Sie die restlichen Schnittarbeiten. Wenn es trocken genug ist, können Sie die Bodenbearbeitung mit Hacke und Rosengabel durchführen. Sobald sich die ersten Laubblätter entfalten, ist eine gute Zeit, bereits erste vorbeugende Spritzungen gegen Pilzkrankheiten durchzuführen.

Mai: Für vorbeugende Spritzungen, eventuell einen Pinzierschnitt, ist jetzt der richtige Zeitpunkt. Beobachten Sie den Läusebefall und spritzen Sie notfalls dagegen.

Juni: Je nach Witterung sind weitere Spritzungen durchzuführen. Ab Ende des Monats können Sie bei öfterblühenden Sorten bereits Verblühtes entfernen und falls nötig eine zweite Düngung durchführen. Falls Sie im Frühling nicht gemulcht haben, ist jetzt auch noch ein günstiger Zeitpunkt dazu. Rosen in Töpfen können jetzt in voller Blüte gekauft und gleich gepflanzt werden. Ende des Monats, um Johanni, ist der beste Zeitpunkt für die besonderen Sommerschnitttechniken.

Juli: Bei starker Trockenheit sollte eventuell gewässert werden und bei öfterblühenden ist weiterhin Verblühtes zurückzuschneiden. Falls Sie Neupflanzungen zum Herbst planen, sollten möglicherweise vorhandene Wurzelunkräuter bereits jetzt entfernt werden.

Bodenbearbeitung mit dem Pferd.

August: Prüfen Sie, ob wässern angebracht wäre. Die neuen Langtriebe, die sich jetzt bilden, müssen Sie je nach Notwendigkeit stützen oder anbinden, um sie gegen Windbruch zu sichern, oder entspitzen, um die Verzweigung zu fördern. Überlegen Sie, ob eine Kalidüngung notwendig ist und führen Sie sie gegebenenfalls durch.

September: Planen Sie jetzt die Neupflanzungen für den Herbst und beseitigen Sie gegebenenfalls die Wurzelunkräuter auf diesen Flächen. Bereiten Sie den Boden vor.

Oktober: Ab 20. Oktober beginnt die Herbstpflanzzeit für wurzelnackte Rosen.

November: Führen Sie die Winterschutzmaßnahmen durch und entfernen Sie gegebenenfalls stark erkranktes Holz. Für wurzelnackte Rosen ist jetzt die optimalste Pflanzzeit.

Dezember/Januar: Winterpause! Jetzt ist Zeit zum Gartenbücher lesen. Das beflügelt die Planung und Gestaltung im kommenden Rosenjahr! Entfernen Sie gegebenenfalls stark erkranktes Holz. Für wurzelnackte Rosen ist jetzt die optimalste Pflanzzeit.

Gedanken zur Bodenfruchtbarkeit

Viel haben vergangene Forschergenerationen schon über die Grundlagen unseres Lebens, das Bodenleben, herausgefunden; das Meiste davon wird jedoch nicht beachtet. Mit verantwortungsvollem Handeln ist nun mal schlecht Geld zu verdienen. Aber selbst so wichtige Grundlagenarbeiten, wie die von Dr. Hans Peter Rusch, Arzt und Mikrobiologe, einem der Mitbegründer des Bioland-Verbandes, der mit der Auswertung von Zellzahlen (siehe Literaturverzeichnis) die Qualitäten der Bodenaktivität zu bestimmen versuchte, sind selbst in überzeugten Kreisen verpufft. Der Grund dafür liegt wohl in der Komplexität der biologischen Vorgänge, die nicht in leichte Formen und Regeln zu fassen sind. Letztendlich müssen wir aber lernen, mit der Natur zu leben. Dies ist die einzige Chance, unsere Existenz auf diesem Planeten nicht vorzeitig zu verspielen. Als Indianerweisheit wird folgender Gedanke über die Landnutzung weitergegeben:

Ein Rosenfeld ist auch eine landwirtschaftliche Kultur.

die richtige Politik sollte man wählen, auch wenn dies zugegebenermaßen besonders schwierig ist. Die Staatsdomänen und Landwirtschaftlichen Forschungsgüter in Deutschland werden häufig bereits biologisch bewirtschaftet. Vor den Konzernen kuschen die Politiker aber noch allzu oft.

Man sollte die Erde so behandeln, dass die siebte Generation, die einem nachfolgt, wieder in der Lage ist, die Erde so zu bebauen, dass die siebte Generation nach ihr sie genauso nutzen kann!

Indianerweisheit

Jeder kann seinen Teil zu einer nachhaltigen Lebensweise beitragen; Rosen biologisch anzubauen ist auch einer. Selbst wer keinen Garten hat, bestimmt alltäglich mit dem Kauf seiner Lebensmittel darüber, wie die Erde behandelt wird. Auch

Unser Wirtschaftssystem ist nicht gut geeignet für Nachhaltigkeit, aber es kann mit Gesetzen verbessert werden. Wer schützt unsere natürlichen Lebensgrundlagen per Gesetz? Nur notdürftiger Naturschutz. Kaum ein Hersteller oder Anwender von

Chemikalien oder anderen synthetischen Produkten und Techniken ist bereit dazu (oder wird gesetzlich gezwungen), die Verantwortung für seine Produkte und Taten in letzter Konsequenz zu übernehmen. Auf Verpackungen sind schon lange Entsorgungsgebühren einkalkuliert. Wo bleibt die Steuer für umweltschädigende Chemikalien? Immer werden wirklich immense Schäden an unserer Umwelt von der Allgemeinheit übernommen oder erduldet, wie so viele Umweltvergiftungen. Selbst bei großen Tankerunglücken, wo die Verantwortlichen doch noch relativ leicht auszumachen sind, gibt es kaum reelle Strafen. Der bereits oft erwähnte Justus von Liebig entwickelte einen Silberspiegel anstelle der bis dahin üblichen, aber die Gesundheit gefährdenden Quecksilberspiegel. Die von ihm 1858 veranlasste Produktion der Spiegel musste jedoch nach wenigen Jahren eingestellt werden, weil die Bevölkerung die Quecksilberspiegel bevorzugte. Erst als diese 1886 wegen ihrer Giftigkeit verboten wurden, ging man allgemein zur Silberspiegelfabrikation über – ein Beispiel, dass es geht!

Zugegeben, als überzeugter Biobauer sehe ich diese Punkte sehr kritisch. Was ich hier einfordere, nämlich Verantwortung für das eigene Handeln zu übernehmen, sollte aber doch eigentlich selbstverständlich sein!

Rosenkultur als Teil der Landwirtschaft: ökologisch und Ressourcen schonend.

Ich habe Brot gekauft
Und habe rote Rosen geschenkt bekommen:
Wie glücklich bin ich
Beides in meinen Händen zu halten.

Kitahara Hakushu

Nimm Rosen zum Dessert

Vom Rosenblütengenuss und von Rosendufterlebnissen

Der Gärtnerblick: Meine Rosen essen?

Rosenkochbücher, Blütenmenüs, Persische Rosenkonfitüre – heute wimmelt es allenthalben von raffinierten Möglichkeiten, dem Geheimnis der Rose auch kulinarisch zu verfallen. Als wir 1993 unsere Rosengärtnerei bei Bioland anmeldeten, war das noch ganz anders. „Warum das denn?“, fragte mein Vater, der uns sonst im Betrieb damals schon absolut freie Hand ließ, „stellt euch doch nicht so an, die Rosen werden doch nicht gegessen!“ Heute essen wir unsere Rosen ständig und lassen auch unsere Kunden gerne an dem Genuss teilhaben. Viele Hundert Kilo unserer Rosenblüten werden alljährlich verarbeitet. Wenn es ums Essen geht, leuchtet es endlich auch jedem ein: Ja, da müssen die Rosen biologisch kultiviert werden.

Den Verwendungsmöglichkeiten sind keine Grenzen gesetzt. Konnten wir uns anfangs die Rose immer nur süß, als Marmelade, Likör oder eben Dessert vorstellen, so stellen meine Frau, bzw. teilweise Bio-Verarbeiter, die von uns Rosenblüten beziehen, heute auch viele herzhafte Produkte wie Rosenessig und Rosensalz, aber auch Nudeln mit Rosen her.

Die Grundstoffe für die Rosenkosmetik kommen meist aus fernen Ländern. Das Klima ist in Rumänien, der Türkei oder Algerien einfach wärmer, und die Arbeitslöhne sind niedriger. (Ein einziger Liter reines Rosenöl ist die Essenz aus 2 bis 3 t Blüten.)

Dennoch beziehen Naturkosmetikfirmen von uns einige Blüten zur Frischverarbeitung. Das wertvolle Hagebuttenkernöl wird in Südamerika hergestellt, aus den Samen der Hagebuttenteeernte. Es ist eines der allerbesten Körperöle.

Vielfältig sind auch die Heilwirkungen der Rose, die nahezu in Vergessenheit geraten sind. Vor Jahrhunderten wurde die Rose als Allheilmittel eingesetzt, was nichts anderes heißt, als dass sie als dem Herzen zugeordnete Heilpflanze den gesamten Organismus stärkt. Heute noch wird die Rose vielfach in der Aromatherapie, unter anderem auch in der Trauerbewältigung eingesetzt. In der Aromatherapie schätzt man die vielseitige positive Wirkung der Rose auf Körper, Geist und Seele und in der Kosmetik ihren harmonisierenden Einfluss auf die Haut.

Rosensorte 'Mme Boll' in voller Blüte.

Die Heilimpulse, die von der Rose bzw. den Rosenprodukten ausgehen, aktivieren unsere inneren Selbstheilungskräfte und sind auf den Wirkstoffkomplex der Rose in seiner Gesamtheit zurückzuführen. Je nach Einsatzbereich kommen dabei einzelne Inhaltsstoffe der Rose, zum Beispiel die ätherischen Öle, besonders zum Tragen. Das bedeutet, dass jeder kleinste Rosenbestandteil zur großen Wirkung der Behandlung beiträgt. Im Vordergrund stehen die ätherischen Öle der Rose, die ein Duftkomplex aus den ätherischen Stoffen Citronellol, Rhodinol, Nerol, Linalool, Geraniol, Eugenol, Farnesol und Phenylethanol sind. Ferner sind Stearopten (ein Fett) [oder Stearinsäure?], Gerbstoffe, Quercetin, Apfel-, Bernstein-, Gallus-, Wein- und Zitronensäure sowie Zuckerstoffe enthalten.

„Es ist ein Brauch von alters her, wer Sorgen hat hat auch (Rosen-) likör." (Frei nach Wilhelm Busch.)

Die Heilwirkungen der Rose

Die Blüte und ihre Essenzen wirken

• entzündungshemmend und wundheilend, auch bei Gürtelrose, Bindehautentzündung und Herpes (Tipp: Rosenhonig gegen Mundentzündungen)
• herz- und nervenstärkend (Tipp: Herzgegend mit Rosenwasser einreiben)
• stärkend auf den Magens
(Tipp: Rosenblütenzucker zum Tee)
• gegen Fieber
• anregend auf Leber, Galle und Nieren
(Tipp: Rosenblütentee)
• gegen Menstruationsbeschwerden
• gegen Kopfschmerz
(Tipp: Schläfen mit Rosenessig einreiben)
• gegen gereizte Augen (Tipp: nach Computerarbeit frische Rosenblätter auflegen)
• gegen Fieber, Erschöpfung und zehrende Krankheiten (Rekonvaleszenz)
• bei seelischen Belastungen und den daraus resultierenden Problemen, wie Ängste, Energielosigkeit, Schlafstörungen, Niedergeschlagenheit, Depression, Freudlosigkeit
• entspannend, wärmend und Licht bringend (Tipp: Massagen mit Rosenkörperöl)
• fördernd auf die Genussfähigkeit und die Libido.

Auch in Hagebutten sind neben den Vitaminen A, B_1, B_2, C und E viele andere sekundäre Pflanzenstoffe enthalten: Gerbstoffe, Pektinsäure, Saccharose, Invertzucker, Fruchtsäuren, ätherisches und fettes Öl, **Lycopin**, Xanthophyll, Flavone, Lecithin. Der Vitamin-C-Gehalt ist 10- bis 30-mal höher als der einer Zitrone!

Die Hagebutte wirkt

- gegen Harnsteine, bei Rheuma und Gicht (Tipp: Tee mit Kernen trinken, leichtes Diuretikum)
- vorbeugend bei Erkältungen
- als Vitaminspender.

Lycopin hat nachweislich einen besonders positiven Einfluss auf den Gesamtzustand älterer Menschen. In Testgruppen hatten Menschen mit höherer Lycopin-Aufnahme eine um 35 Prozent niedrigere Sterblichkeit (Agudo et al. 2007)! Laut einer Studie der Bundesforschungsanstalt aus dem Jahr 1998 ist die Wirksamkeit von Lycopin als Zellschutzfaktor um das 10-fache höher als bei anderen Carotinoiden. Es erhöht die Anzahl der Killerzellen im Blut, schützt vor freien Radikalen und senkt das Krebs- und das Herzinfarktrisiko. Neben den bekannten Gesundheitseffekten von Vitamin C hat man festgestellt, dass Personen mit höherem Vitamin-C-Genuss jugendlichere Haut haben (Cosgrove et al. 2007). Und Hagebutten haben (neben Tomaten) einen besonders hohen Gehalt an dem Carotinoid Lycopin.

Das Hagebuttenkernöl

- hat sehr wertvolle Inhaltsstoffe (Vitamine A, B, C, Rutin, Flavonoide, Aminosäuren)
- wirkt gut bei Akne, Ekzemen, Narben, Altershaut
- wird von der Haut aufgenommen, ohne einen Fettfilm zurückzulassen.

In der Bachblütentherapie wird die Essenz „Wild Rose“ *(Rosa canina)* gegen apathische Teilnahmslosigkeit, lähmende Resignation und ein über die Depression hinausgehendes Sichaufgegeben-Haben eingesetzt. Hier kann nach Dr. Bach „Wild Rose“ die Lebensgeister wieder erwecken, den Menschen aus seiner Energielosigkeit befreien und mit Lebensfreude durchfluten.

Rosenblütenernte – eine Arbeit für Geniesser mit flinken Händen

Gedeckter Tisch für ein Rosenmenü

Rosendüfte

So erstaunlich vielfältig die Heilwirkungen sind, so vielfältig sind auch die Düfte der Rose. Für Farben gibt es allgemeingültige Definitionen: rot, gelb, blau ... Bei Düften gibt es nichts Diesbezügliches. Vermutlich liegt dies daran, dass Düfte von jedem Menschen individuell wahrgenommen werden. Es gibt auch keine Möglichkeit, sich gegen Düfte zu wehren. Sie werden wahrgenommen und wirken direkt auf das vegetative Nervensystem – ich würde sagen unter Umgehung der Intelligenz. Man empfindet sie einfach und hat Gefühle dazu. Oft assoziieren wir Düfte mit bekannten Ereignissen und werden durch diese zwangsläufig daran erinnert. Dies kann positiv oder negativ sein, wie der Rosenduft in Omas Garten oder auch das Popcorn, nach dem einem auf dem Karussell übel wurde. Ich habe es schon erlebt, dass Menschen von der Duftnuance einer Rose total begeistert waren und andere total entsetzt. Der lustigste Ausruf kam einmal von einer Stammkundin, die den Myrreduft einer Englischen Rose schlagartig mit den Worten kommentierte: „Mottenkugeln, die riecht wie früher die Mottenkugeln!"

So behelfen wir uns, mit unserem im Verhältnis zu anderen Geschöpfen unterentwickelten Geruchsinn, weiterhin mit Beschreibungen. Und da gibt es tatsächlich immer wieder Übereinstimmungen, und es gibt in den Katalogen Bezeichnungen wie Lindenduft, zitronenartig oder nach grünem Apfel. Die markantesten Rosenduftgruppen finden Sie hier in der Übersicht – ohne solche Vergleiche:

Damascener-Rose
„der" klassische Rosenduft, schwer und süß

Centifolien-Duft
etwas zarter, getragener, leicht süßer Rosenduft, immer noch sehr intensiv

Moschus-Duft
zarter, etwas herberer Edelrosenduft
Alba-Rosen-Duft
sehr feiner, leicht wildrosenartiger, aber dennoch intensiver Duft
Rugosa-Duft
sehr intensiver süßer Duft mit etwas würziger Note
Teerosen-Duft
wird oft verwechselt mit Edelrosenduft, echte Teerosen riechen tatsächlich wie Schwarztee
Edelrosen-Duft
zarter „Blütenblattgeruch", eher dem Teerosen-Duft zugehörig, nicht annähernd so stark wie die Düfte der Historischen Rosen
Wildrosen-Duft
sehr zarter, besonders leichter Rosenduft

Rosenbutter – lecker!

Hagebutte und Blüte der Rosa rugosa 'Wild Sea'. Hieraus lassen sich Köstlichkeiten zubereiten.

Praxis.

Essbare Rosensorten und Rosenrezepte

Pflücken Sie Rosenblüten zum Verarbeiten frühmorgens (spätestens vor 10 Uhr) und stellen Sie die Produkte noch am selben Tag her. Dies ist entscheidend für das Aroma. Das ätherische Öl verfliegt rasch. Geeignet sind fast alle Duftrosen, am besten jedoch die Historischen. Bei diesen können Sie sich auch das Abschneiden der Blütenblattansätze sparen, da sie weniger Bitterstoffe enthalten.
Hier unsere Empfehlungsliste der besten Sorten: 'Rose de Resht', 'Sidonie', 'Mme Boll', 'Jacques Cartier', *Rosa x damascena* 'Trigintipetala', 'Blush Damask', Rosa rugosa 'Hansa' und alle anderen gefüllten *Rugosa-Rosen, Rosa x centifolia* 'Muscosa Rubra', 'Königin von Dänemark', *Rosa gallica* 'Conditorum', *Rosa gallica* var. *officinalis.*

Ein paar praktische Anwendungsbeispiele
Folgende Anwendungen stammen aus dem Buch: „Die Heilkraft der Rosen. Gesundheit, Schönheit und Lebensglück aus dem Rosenbeet" von Evelyn Thomsen, erschienen 2002 im Seehamer Verlag.

Rosentee
Je 1 bis2 Teelöffel getrocknete Rosenblüten in eine Tasse geben. Um die ätherischen Öle zu erhalten, sollten Sie nicht mit kochendem Wasser aufgießen und den Tee maximal 5 Minuten ziehen lassen. Verwenden Sie zum Süßen am besten Honig. So kann der beruhigende, harmonisierende Einfluss verstärkt werden.

So werden Rosenblüten getrocknet.

Rosenwasserkompresse

Befeuchten Sie Wattepads mit Rosenwasser, so dass sie nicht triefen, und legen Sie sie 15 min auf die geschlossenen Augenlider. Die Methode ist besonders zur Entspannung und Regeneration geröteter „Computeraugen“ geeignet.

Das Menü beim Rosenkochkurs.

Mit Rosenessig und einigen Duftrosen wird der Salat zu Gourmetgenuss.

Pfefferminz-Rosen-Dampfbad

Je 2 Teelöffel Pfefferminze und Rosenblüten werden in eine Schüssel gegeben und mit heißem Wasser übergossen. Lassen Sie den Aufguss 5 Minuten ziehen und rühren kurz auf. Atmen Sie den aufsteigenden Dampf mit einem Handtuch über dem Kopf ein. Die befreiende Pfefferminzwirkung auf die Atemwege und der entkrampfende Effekt der Rose eignen sich besonders zur Behandlung von Heiserkeit aufgrund einer Erkältung.

Salbei-Rosenaufguss

Gießen Sie je 3 Teelöffel Salbeiblätter und Rosenblüten mit ¼ l heißem Wasser auf und lassen Sie den Aufguss 5 Minuten ziehen, bevor Sie ihn abseihen und abkühlen lassen. Verwenden Sie den leicht abgekühlten Aufguss für Mundspülungen und zum Gurgeln. Die Menge reicht für zwei Behandlungen täglich. Ätherische Öle, Kampfer, Gerb- und Bitterstoffe sowie Glycoside machen den schleimhautwirksamen Einfluss der Salbeipflanze aus. Die Rose hat regulierenden Einfluss auf das Speichelmilieu und harmonisiert die Mundschleimhaut.
Rezepte finden Sie in speziellen Kochbüchern wie zum Beispiel in „Rosen für Küche, Schönheit & Wohlbefinden“ von Ingrid Rosa Schindler, erschienen 2010 im Hädecke Verlag.

Gedanken zum Rosenblütengenuss

Zugegeben, der Titel dieses Kapitels ist gestohlen, denn es ist der Titel des 1978 erschienen und leider vergriffenen Buches von Marie Luise Kreuter über Blütenrezepte und essbare Blüten. Zu dieser Zeit begann gerade erst wieder die Rückbesinnung auf den Genuss von Blüten. Wer einmal Rosen gegessen hat, weiß, dass es mehr als beeindruckend ist. Man genießt die Rose wirklich mit allen Sinnen. Es ist logisch, dass Geschmack und Geruchsinn fast eins sind, und dennoch ist es verblüffend, Düfte zu schmecken. Man muss sich von seinen Erfahrungen lösen können und die Eindrücke einfach aufnehmen.
Die Naturvölker, die oft noch ein viel offeneres Verhältnis zu ihrer Nahrung haben als wir von der Nahrung so weit entfernt stehenden Menschen, haben dazu auch ganz andere Anschauungen. Für sie wird alles, was sie essen, tatsächlich ganz vom Körper aufgenommen und somit Teil des eigenen Körpers.

Ein hübscher Erntekorb mit Rosenblüten.

Um dies zu verstehen, brauchen wir erst Wissenschaftler, die uns das Prinzip der Endozytose erklären und nachweisen, dass nicht nur tote Stoffe in unseren Körper Eingang finden, sondern durch die Endozytose auch ganze Zellbestandteile in unseren Körper wechseln, eben echter Stoffwechsel!

Die einfachen Naturmenschen wissen unbewusst das, was wir uns erst wieder mit Sprüchen in Erinnerung rufen müssen: „Der Mensch ist, was er isst!" Schön, wenn wir dann auch wissen, wo unsere Rosen und auch unsere Lebensmittel herkommen und wie sie gewachsen sind.

Rosentee, ansprechend und sicher verpackt.

Rose, Rose

Rose, Rose, Knospe gestern
schließt du noch in moos'ger Hülle,
heute prangst in Schönheitsfülle
du vor allen deinen Schwestern.

Träumtest du wohl über Nacht
Von den Wundern, die geschahen,
Von des holden Frühlings Nahen
und des jungen Tages Pracht?

Johann Adelbert von Chamisso (1781-1838)

Rosenschönheit und Rosensymbolik

Einfach nur schön – warum Rosen mehr sind!

Gärtneransichten zu Rosenschönheit

Welche Rose ist denn Ihre Lieblingsrose? Dieser Frage gehe ich gerne aus dem Wege. Manchmal flüchte ich mich noch in eine Ausrede: Einen Scheich frage man ja auch nicht, welche seiner Haremsdamen ihm die Liebste sei! Aber es ist tatsächlich so, dass sowohl ich als auch meine Frau nicht die eine explizite „Lieblingsrose" haben. Im Gegenteil: Wir haben viele Lieblingsrosen für viele Zwecke. Stets ist die Frage der Schönheit auch mit unzähligen anderen Kriterien verknüpft, nicht zuletzt auch mit der Robustheit. Denn wenn diese gänzlich fehlt, gefällt mir so manche Schönheit gar nicht mehr. Wie hörte ich doch einen Mann einmal beim Anblick einer Mannequin-Schönheit sagen: „Ja, zum Angucken ganz nett, aber haben (gar als Partnerin) möchte ich die nicht!"

Stets sind es viele Kriterien, die die Schönheit ausmachen, und oft habe ich es schon erlebt, dass Kunden eine Rose zunächst nicht so sehr faszinierend fanden. Als sie jedoch die gedachte Kombination nebeneinander sahen, waren sie hellauf begeistert. Viele Rosen haben ihren eigenen Charme, der sich oft erst offenbart, wenn man sich ein wenig mehr auf sie eingelassen hat. Am Ende sind die zufriedensten Rosenkunden meist nicht die, die sich für einen der großartigen „Hingucker" entschieden haben. So ist Schönheitsempfinden auch noch mit anderen Kriterien verknüpft, und nicht zuletzt auch mit der Erwartung, einen schönen Duft in ihrer Blüte vorzufinden. Über den Duft haben wir ja im vorangegangenen Kapitel „Rosen zum Dessert" schon einiges gehört. Stets ist er aber mit der Schönheit verbunden, wie bereits William Shakespeare festgestellt hat:

The rose looks fair, but fairer we it deem

For that sweet odour which doth in it live.

William Shakespeare

(Hold dünkt uns die Rose, doch holder noch, durch jenen süßen Duft, der in Ihrer Blüte lebt!
Übersetzt von Stefan George)

Gärtneransichten über Rosensymbolik

Welche Blume schon am längsten von den Menschen verehrt wird, ist nicht sicher. Es ist gut möglich, dass Pfingstrose und Lotusblume der Rose hier den Rang ablaufen. Wahrscheinlich schlägt die Rose aber alle anderen Blumen darin, von fast allen Menschen geehrt worden zu sein.
Im alten China verehrte man sie bereits und in den Gräbern des alten Ägypten fand man die heilige Rose, Rosa sancta, als Grabbeigabe. Wo auch immer der Mensch neben der Mühsal der Beschaffung seines täglichen Brotes etwas Zeit zur Muße fand, begann er, die Rose zu verehren. Man kann durchaus sagen, dass sie „blühend, duftend und rankend den Weg durch die Geschichte ging“, wie es im Faltblatt „Bioland-Rosen“ unserer Rosenschule so treffend steht. Angeblich entdeckte die im 16. Jahrhundert lebende Nur Mahal, die Gattin eines indischen Großmoguls, das Rosenöl bei einem Bad mit Rosenblüten. Die griechische Göttin Aphrodite, bei deren Geburt die Rose aus Meeresschaum entstanden sein soll, salbte aber schon in der Illias den Leib Hektors mit Rosenöl. Als Adonis, ihr Geliebter, bei der Jagd von einem Eber getötet wurde, färbte schließlich sein Blut die bis dahin nur weiße Rose rot. Die frivolste und lüsternste Verehrung erfuhr sie wohl im alten Rom, mit dessen wildesten Orgien ihre wohl duftenden Blüten verbunden waren. Dennoch erkoren sie die Kirchenfürsten der neueren Zeit zum Symbol der Marienverehrung.

Die Spitze Edelrosenknospe, lange das hehre Ideal der Rosenzüchtung; hier die Sorte 'Ingrid Bergmann'.

Farbharmonie: Ein Beet in rosa.

In der jüngsten Geschichte wurde sie zum Symbol des Sozialismus. Sie wurde in Gräber gestreut und in Siegerkränze gewunden. Ob als zartrosafarbenes Symbol der Jugend, als leuchtendes Symbol der Jungfrau Maria im Rosenhag, oder als voll erblühte rote Rose der Sinnlichkeit, stets war sie die Blume der Weiblichkeit und der Schönheit. Und stets war diese Symbolik auch mit dem Stachel verbunden. Die verführerische rote Rose hat auch ihre Tücken. Maria im Rosenhag ist die unerreichbare, von Dornen behütete Reinheit und das Jugendsymbol hat auch seinen Stachel. Heißt es nicht im Heideröslein: „Wenn du mich pflückst, dann steche ich

Edle Farbkombination rot und weiss 'Polareis' u. 'Chevy Chase'.

dich!"? Kaum jemand allerdings weiß, dass es im Ursprungstext des Liedes am Ende nicht heißt: „Da half ihm doch kein Weh und Ach, da musst es eben leiden", sondern: „aber es vergaß hernach beim Genuss das Leiden".

Der Stachel ist untrennbar mit dem Liebreiz verbunden, und der Liebe süßer Genuss ohne jede Anstrengung undenkbar. Wir Gärtner wissen noch aus eigener Erfahrung, dass auf dem Feld oft auch Disteln und Dornen wachsen. Nur mit der Anstrengung wird das Erreichte auch wertvoll. Nur wer sich müht, kann auch die Früchte schätzen, die er gewinnt.

Mich wundert Rose, deine Güte,
dass sie sich mit dem Dorn verträgt,
du hast in sinnigem Gemüte gewiss
den Lauf der Welt erwägt.

Hafis/Muhammad Schams ad-Din (1326-1390)

Praxis

Farb- und Formharmonien im Rosengarten

Welche Zusammenstellungen gefallen, gehört natürlich zu den persönlichen Entscheidungen. Wir wollen hier lediglich ein paar Anregungen geben und wichtige Grundaspekte beleuchten, damit Sie selbst Ihre Entscheidungen treffen können.
Formharmonien bei den Strauchformen ergeben sich bei den Pflanzungen von selbst, wenn man die wichtigsten Grundregeln bei der Gestaltung beachtet:

- Niedrigere Rosen werden stets in den Vordergrund und höhere in den Hintergrund einer Pflanzung gesetzt.
- Schlanke, aufrechte Sträucher sollten von buschigen Sträuchern oder Stauden flankiert werden. Alternativ kann man die aufrechte Form mit aufrechten Stauden (zum Beispiel Rittersporn) unterstreichen.
- Ähnliche Strauchformen harmonieren ebenfalls gut miteinander. Besonders bei heckenartigen Pflanzungen ist auf gleichmäßigen Wuchs zu achten.
- Gruppenpflanzungen mit verschiedenen Rosensorten gleicher Arten (*Gallica-*, *Rugosa-*, *Alba-Rosen* etc.) wirken logischerweise besonders harmonisch, da hier nicht nur der Wuchs sondern auch die Blattformen harmonieren.

Farbharmonien bei Rosenpflanzungen sind zunächst auf dem gleichen Wege zu erreichen wie bei anderen Farbfragen – nach dem Farbenkreis und der Farbenlehre. Es harmonieren immer die nebeneinander liegenden Farben, oder man setzt die auf dem Farbenkreis einander gegenüberliegenden Farben in Kontrast zueinander.

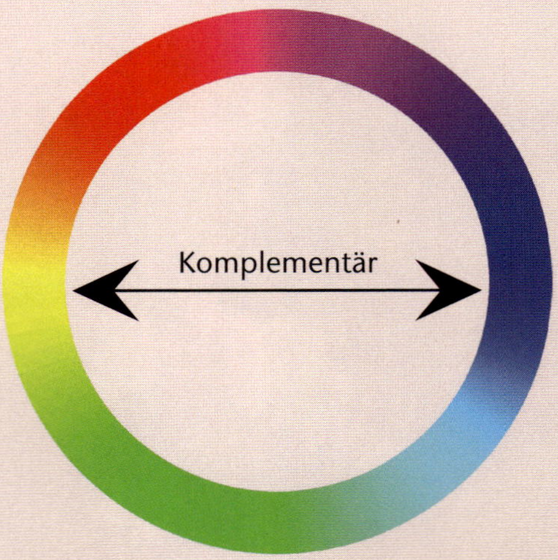

Farbkreis mit dargestellten Komplementärfarben Gelb und Blau für die additive Farbmischung.

Allerdings gibt es bei Rosenfarben unendlich viele Farbnuancen, nicht eben erleichtern. Ganz grob kann man zwei Farbrichtungen unterscheiden. Der Einfachheit halber nenne ich sie hier die historische und die moderne Farbrichtung. Im 19. Jahrhundert hatten die Gärtner nämlich noch kein Problem mit den Rosenfarben. Die Rosen waren – mit Ausnahme der reinweißen – alle entweder rosa oder violettrot und harmonierten alle wunderbar. Es gab weder knallrote noch reingelbe Rosen. Diese kamen erst um die Jahrhundertwende durch die China-Rosen dazu. Noch heute klappt es immer gut, wenn man entweder diese kräftigen Leuchtfarben oder eben die Pastell- und Violettöne kombiniert.
Hier noch ein paar Tipps, auf die man bei Rosenfarben besonders aufpassen sollte, damit das Auge wirklich „auf den Pflanzen ruhen“ darf.

Der Farbkreis zeigt auch die Farben für die Waldorfschulklassen. Oben links Kindergarten bis 2. Klasse linksdrehend bis zur 12. Klasse. Von Julius Hebing.

- Unterscheiden Sie gut zwischen feurigen Rottönen, die eher zu gelb oder orange harmonieren, und den violettroten, die nur zu rosa wohlgefällig aussehen.
- Reinweiß gibt es kaum. Weiße Rosen haben immer einen Rosa- ('Swany') oder Gelbstich ('Schneekönigin'), wonach man sie kombinieren sollte.
- Kupferorangefarbene Rosen sind oft mit einem Hauch rosa verknüpft und werden manchmal wie 'Abraham Darby' sogar gegen Ende der Blütezeit ganz rosa. Diese Rosen sind die idealen Bindeglieder zwischen Rosa und Kupferorange.
- Viele rosafarbene Rosen haben einen leichten Violetthauch in sich, wie etwa 'Mary Rose'. Diese harmonieren am besten zu violettroten Sorten wie 'Rose de Resht'.
- Pflanzen Sie bevorzugt dunkelblaue Stauden zu Rosen. Diese bilden immer einen ruhigen Kontrast und grenzen verschiedenfarbene Rosenbeete gut voneinander ab.

Gedanken zur Rosenschönheit

Schönheitsempfinden zu erklären ist eine schwierige Sache. Entweder gefällt einem etwas, oder nicht, das ist einfach eine Tatsache. Beginnt man bei einfachen Eindrücken, so stellt man fest, dass es bereits Grundformen wie Kreise oder Aneinanderreihungen von gleichen Dingen (zum Beispiel Perlenketten) bis hin zu gleichmäßigen Kristallstrukturen oder

Die Spitze Edelrosenknospe, lange das hehre Ideal der Rosenzüchtung 'Arioso'.

Spiegelungen sind, die das Schönheitsempfinden erregen. Versuchen wir aber, die Beweggründe zu finden, warum die Betrachtung eines Gegenstandes bei uns ein angenehmes Gefühl hervorruft, so merken wir bald, dass es immer die Verknüpfung vieler Eindrücke ist. Stets assoziieren wir mit schönen Dingen auch andere Zusammenhänge. Am deutlichsten tritt dies beim Betrachten einer schönen Landschaft zutage, bei der es das Zusammenspiel vieler Komponenten sind, die uns das Gesamte schön erscheinen lassen, von den ziehenden Wolken über die Hügel und Pflanzen bis hin zu den Menschen, die sich in der Landschaft bewegen.

Wenn wir ein Bild eines Rosengartens sehen, steigt regelrecht der verführerische Duft in unserer Nase auf. Wir verbinden stets unsere verschiedenen Sinneseindrücke und erst durch das harmonische Ganze entsteht der Schönheitseindruck. Wir empfinden auch die natürliche Harmonie zwischen den vielen Komponenten eines solchen Eindruckes. Eine schöne Rose vor einer Baustelle ruft Verwirrung in unseren Sinneseindrücken hervor, denn nur ein harmonisches Ganzes erzeugt auch ein gesamtes Schönheitsempfinden.
Bezeichnend ist aber auch, dass es die Natureindrücke sind, die bei uns Menschen das heftigste Gefühl für Schönheit hervorrufen. Meiner Ansicht nach ist dies ein ganz eindeutiges Zeichen dafür, dass

Blüte der Sorte 'Celeste'.

Die Essigrose, Rosa gallicon, *in der Sorte 'Violacea'. Eine wunderschöne Blüte.*

wir Menschen untrennbar mit unserer Umgebung verbunden sind und von Natur aus das Empfinden für Schönheit in uns tragen. Lassen wir uns doch einfach von unserem natürlichen Empfinden leiten, und wir werden von selbst finden, was uns und unserer Umgebung gut tut. Wenn dann die Rosengärten in Gestaltung und Farbharmonie unterschiedlich ausfallen, sollten wir das locker sehen und die unterschiedlichen Empfindungen unserer Mitmenschen akzeptieren. Manch einer braucht halt mehr aufregende Farbkontraste und kräftige Düfte, der andere schwelgt lieber in zarten Farbharmonien und lieblichen Düften.

Oder wie es ein Zimmermann einmal etwas pragmatisch zu mir sagte:

„Geschmäcker sind verschieden, die Katze mag Mäuse, mich könnte das nicht begeistern."

Neben dem persönlichen Empfinden gibt es natürlich auch eine momentane Moderichtung, der die Rosen unterworfen sind. Vom einzelnen Menschen oft gar nicht so wahrgenommen sind plötzlich 80 Prozent der Rosenliebhaber der Meinung, aprikotfarbene Rosen seien am schönsten. Der Ursprung solcher „Geschmackswechsel" bleibt oft im Dunklen.

Während Farbmoden nahezu jährlich wechseln, wechseln die Formen eher längerfristig. Diese Zyklen sind überschaubarer. Um 1860 begann die Züchtung der Tee-Hybriden. Ab etwa 1920 drängten diese bereits die Remontantrosen zurück. Nicht nur weil sie besser öfterblühend

Die spitze Edelrosenknospe, lange das Ideal der Rosenzüchtung; hier die Sorte 'Frau Karl Druschki'.

waren, sondern auch weil die spitze Edelrosenblüte immer mehr Liebhaber gewann. In den 50er-Jahren des vorherigen Jahrhunderts waren dann auch bei den Beetrosen die großblumigeren gefragt. Die echten Polyantha-Rosen, wie 'The Fairy' gerieten fast in Vergessenheit.

Als in den 60er-Jahren des vorherigen Jahrhunderts David Austin begann, die ersten neuen Rosen mit dem romantischen Blütencharakter der Historischen zu züchten und damit die „Englische“ Rose kreierte, war man noch fest gefangen in einem Farbenrausch knallbunter Edel- und Beetrosen. Zuerst waren es die alten Polyantha-Rosen, die als praktische Bodendeckerrosen eine Renaissance erlebten. 'The Fairy' wurde zur meistgepflanzten Rosensorte und viele Neuzüchtungen bereichern bis heute diese „neue“ Rosengruppe. Erst zu Beginn der 80er-Jahre des vorherigen Jahrhunderts begann die Nostalgiewelle, und man begehrte die alten Rosen wieder. Austin

wurde zu einer Berühmtheit und seine Rosen zum Kassenschlager. Heute hat man sogar die Rambler-Rosen wiederentdeckt und die Züchter fügen den alten Sorten immer mehr neue und sogar öfterblühende hinzu.
Ich bin über diese Entwicklung sehr froh. Als man die Rose auf den Edelrosentyp reduzierte und andere kaum mehr wahrnahm, tat man ihr Unrecht. Letztendlich war dies auch die Ursache für das Märchen von der Rose, die nur mit Chemie gedeiht. Während meinen Vater in den 70er-Jahren geschäftlich nur die Frage bewegte, ob er mehr Beetrosen oder mehr Edelrosen vermehren sollte, haben wir heute die unendliche Vielfalt der Rose wiederentdeckt.

Auch die unvergleichlichen Historischen Rosen werden wieder gepflanzt. Man erfreut sich an einmalblühenden Kostbarkeiten, und findet vom Bodendecker bis zur 10 m hohen Rambler-Rose in alten Bäumen Rosen für jede Gartensituation.
Alma de l´Aigle, die Autorin des Buches „Begegnungen mit Rosen “ war bereits in den 50er- Jahren des vorherigen Jahrhunderts der Meinung, dass die Edelrose in der Züchtung unbedingt wieder mit Historischen Rosen gekreuzt werden müsse, weil die reine Edelrosenzucht in die Sackgasse führe.
Heute sind ihre Gedanken Wirklichkeit geworden und die Rose hat den ihr gebührenden Platz als Königin der Gartenpflanzen wieder eingenommen, nicht durch übertriebene Züchtung, sondern aufgrund der Tatsache, dass der Mensch sich wieder auf die Vielfalt ihrer Werte besonnen hat. Eine Prognose, wohin die Entwicklung gehen wird, kann man kaum

Ein Bild von einer spitzen Edelrosenknospe, hier die Sorte 'Christoph Columbus'

geben. Es gibt sicher auch viele Wildrosenarten, deren Eigenschaften unbedingt häufiger in die neuen eingekreuzt werden sollten, wie die *Rosa rugosa* und die *Rosa arkansana*. Die wichtigste Botschaft wird aber sein, die Vielfalt der Rose nie wieder zu vergessen.

Veredelte Rose und Nachbarin!
Nehmet dies Brieflein gnädig hin,
Sintemalen dasselbe geschrieben
Von allerlei Pflanzen, welche euch lieben.
Verleihe der Himmel Euer Gnaden
Beständig ein sanftes Sonnenlicht
Und frischen Tau und meinetwegen
Auch hie und da ein wenig Regen,
Nur Sturmwind nicht,
Denn dieser tut der Schönheit schaden.
Ergebenst mit Herz und Honigmund
Das Blumenkränzchen: Tugendbund.

Aus „Am Vorabend von Rosens Geburtstag“
Wilhelm Busch

Vom Vermehren und Pflanzen der Rosen

Über die Kunst der Veredlung und über besonders wilde Triebe

Die Rosenvermehrung aus Gärtnersicht

Rosen vermehren ist Chefsache! Trotz aller Neuerungen und teilweise großer Erwartungen, die man zum Beispiel in die Meristemkultur (Pflanzenvermehrung durch Gewebekultur im Reagenzglas) setzte, werden Rosen auch heute noch in der Baumschule meist durch Veredlung vermehrt. Das Rosenveredeln geschieht im Juli/August durch Einsetzen einer Blattknospe (Auge) der Edelsorte in den Wurzelhals eines Wildrosensämlings. Ist er dort eingewachsen, wird der Wildrose im kommenden Frühling der oberirdische Pflanzenteil direkt über der Veredlung abgeschnitten und die Wildrose treibt dann durch diese Edelknospe aus. Das Ergebnis ist eine Rosenpflanze, bei der die Wurzel eine Wildrose, der oberirdische Teil aber eine edle Rose ist.

Diese Technik ist althergebracht. Das veredeln geschieht auf dem Feld. Mitten in der Sommerhitze steht man zehn Stunden täglich in gebückter Haltung und erledigt diese diffizile „Operation" der Rosen. Die Technik sieht einfach aus, aber es bedarf großer Übung, um die Schnitte sauber und auch schnell zu setzen. Denn es gilt, die Arbeit während der optimalsten Zeitspanne zu erledigen, sonst ist der Erfolg fraglich. Oft wird diese Arbeit von Spezialisten im Akkord verrichtet. Die weitaus meisten Gartenrosen werden auch heute noch so herangezogen, lediglich Bodendeckerrosen und Zwergrosen werden in größerem Umfange als Stecklinge vermehrt.

Warum unterzieht man sich in der heutigen Zeit noch dieser Mühe? Die Gründe sind vielfältig. Hauptgrund ist aber, dass diese veredelten Rosen auch heute noch die Kräftigsten und Wüchsigsten sind. Das Geschäftsgeschehen zeigt es schon: Nur aus wenigen Rosensorten lassen sich problemlos gute Pflanzen aus Stecklingen ziehen. Die weitaus größte Zahl der Rosensorten bildet als Veredlung nicht nur kräftigere Pflanzen, sondern wächst auch nur so im Garten zu kräftigen Sträuchern heran. Die Wildrosenwurzel verleiht der Edelsorte Kraft und Gesundheit. Außerdem sind die Blütenfarben besonders intensiv und die Blütenanzahl höher. Einige aus Gärtnersicht besonders wichtige Punkte sind noch, dass dies trotz des hohen Arbeitsaufwandes immer noch die schnellste Methode ist, zu kräftigen Pflanzen zu kommen. Zudem entfallen durch die Feldkultur teure Topfkulturen, die auch hohen Energieeinsatz benötigen. Ganz und gar nicht unwichtig ist es auch, dass man 98 Prozent aller Rosensorten problemlos durch Veredlung vermehren kann.

Als Nachteil wird oft angeführt, dass veredelte Rosen Wildtriebe bilden können. Seit aber fast nur noch die *Rosa laxa* als Unter-

lage verwendet wird, ist dies vernachlässigbar, da diese Sorte fast keine Wildtriebe mehr bildet. Zudem können die edlen Rosen später, wenn beim Einpflanzen in den Garten die Veredlungsstelle in die Erde eingepflanzt wird, auch eigene Wurzeln bilden. Viele, wie die *Gallica-Rosen* und die *Rosa spinosissima*, tun dies auch.
Edelrosen machen es selten; sie gedeihen aber auch als Stecklinge nicht gut. Die Veredlung ist hier die einzig sinnvolle Vermehrungsmethode. So hat als Veredlung jede Rose die Möglichkeit, die beste Entwicklungschance zu nutzen, und wir haben im Garten immer die Pflanzen, die so kräftig wie möglich sind.

Seit einigen Jahren vermehren wir so auch für einen Wildpflanzengärtner seltene Wildrosen als Jungpflanzen. Am Anfang war er kritisch, da er als Wildpflanzengärtner Veredlungen vermeidet. Inzwischen nutzt er diese Methode gerne, weil sich die meisten Rosen ohnehin „frei wachsen", das heißt die Wildrosenwurzel abstoßen.
Gerade bei solchen Rosen gibt es ohnehin keine Wildtriebe. Die wenigen Wildtriebe, die sich tatsächlich bilden, sind kein Problem, wenn sie umsichtig entfernt werden (siehe Praxis). Lästig können die Wildtriebe jedoch bei Rosenbäumchen werden. Damit die Stämme kräftig genug wachsen, müssen diese auf eine Unterlage veredelt werden, welche mehr zur Bildung von Wildtrieben neigt. Zudem ist das Ziehen eines Rosenbäumchens, diese allerhöchste Kunst des Baumschulwesens, einfach ein übler Trick der Gärtner. Die Rose ist von Natur aus kein Baum, wie wir schon festgestellt haben, sondern meist ein Ausläufer bildender Halbstrauch. Nimmt man ihr nun beim Bäumchen die Möglichkeit, Ausläufer zu bilden, so wehrt sie sich natürlich und versucht, sich wieder zu verjüngen. Letztendlich ist dies auch der Grund, warum Rosenbäumchen nicht so lange leben wie niedrige Rosen. Ihnen fehlt die Möglichkeit der Verjüngung. Dennoch ist eine Lebensdauer von 10 bis 20 Jahren auch bei Rosenbäumchen problemlos erreichbar.
Will man als Hobbygärtner selbst Rosen vermehren, so kann man auch andere Vermehrungsmethoden als die Veredlung anwenden, die weniger kompliziert sind. Hier kommt es ja nicht so sehr auf Effektivität und Pflanzenstärke an. Manche Rosen bilden selbst Ausläufer, die man abnehmen kann. Eine recht zuverlässige Methode ist das Absenken, bei dem man einen Trieb zur Erde biegt und dort festhakt. Am besten fügt man ihm dort, wo man ihn in den Boden einsenkt, noch eine Verletzung zu. Dann bildet sich dort zunächst Wundgewebe, aus dem später leicht Wurzeln entstehen. Die Triebspitze wächst weiter und bildet neue Äste. Hat man jedoch eine Rarität im Garten, von der man unbedingt zuverlässig neue Pflanzen haben möchte, so ist die sicherste Methode, bei einem Rosengärtner eine Auftragsveredlung durchführen zu lassen.

Edle Ausläufer bei Rose 'Blush Damask' leicht zu erkennen am gleichen Holz.

Eine Anekdote zum Rosenpflanzen

Nicht jedem sind die üblichen Handgriffe im Garten so vertraut wie dem Gärtner. Es ist daher üblich und hat sich bewährt, dass der verständige Rosengärtner beim Erklären der nötigen Handgriffe zu bildlichen Vergleichen greift, um ein einfacheres Verständnis zu erleichtern. Als ich neulich den Obergärtner der Rosengärtnergenossenschaft traf, erzählte er mir die folgende Begebenheit:

„Da kamen doch neulich zwei jüngere Damen zu mir, denen man schon von Weitem ansah, dass sie wohl noch nie im Leben Gartenerde unter den Fingernägeln hatten. Na ja", meinte er verständnisvoll, „das ist ja an sich nicht verwerflich. Die haben wohl bisher in einer Etagenwohnung gelebt und sind nun zu einem Haus mit Garten gekommen." Ausführlich erklärte er ihnen, wie sie die wurzelnackten Rosen, die er ihnen bereits pflanzfertig zugeschnitten hatte, einpflanzen sollten:

Die Pflanze so ins Pflanzloch stellen, das der Astansatz (die Veredlungsstelle) 5cm später unter der Erde ist, unten im Pflanzloch die Erde gut andrücken, zusätzlich angießen und zum Schluss anhäufeln. „Da machen Sie einfach so einen Maulwurfshügel", setzte er den praktischen Rat in Bildform um. Darauf sah ihn die eine der Damen etwas erstaunt an und sagte: „Wo krieg ich denn jetzt Maulwurfshügel her?" Noch bevor er etwas entgegnen konnte, stieß ihre praktisch denkende Freundin sie von der Seite an und sagte: „Stell dich doch nicht so an, du Dummchen, die findet man doch auf jeder Wiese!" „Und", sagte ich zu ihm „was hast du dann gesagt?" „Na ja", meinte er lakonisch, „was soll man denn da sagen. Lockere, krümelige Maulwurfserde ist doch das Beste zum Anhäufeln, oder?" Mit dieser Geschichte ist dann doch wieder bewiesen, dass bildliche Vergleiche meist zum Erfolg führen!

Pflanzung Stammrose

Praxis im Garten

Rosen pflanzen

Die altbewährte Methode, wurzelnackte Rosen zu pflanzen, ist immer noch die „umweltfreundlichste“, allein weil viel unnötige Technik vermieden wird. Auch beim Einpflanzen setzt sich dies fort: keine überflüssiger Erdtransport, problemlos zu verschicken und obendrein noch die preiswerteste Variante.
Damit aus der „Hoffnung in der Tüte“ eine Rose wird, folgen hier ein paar Pflanztipps:

- Die Äste und Wurzeln sollten nicht länger als jeweils zwei Handbreit sein und müssen gegebenenfalls, noch einmal etwas eingekürzt werden.
- Wässern Sie die Pflanzen etwa vier Stunden, maximal über Nacht (speziell wenn Sie nicht ganz feucht ankommen!), indem Sie sie vollständig untertauchen, auch die Äste!
- Die Veredlungsstelle, das ist der Knoten, an dem die Äste entspringen, muss circa 5 bis 8 cm tief unter die Erdoberfläche gesetzt werden.
- Die Erde im Pflanzloch muss gut angetreten und angegossen werden.
- Häufeln Sie die Rose anschließend mit lockerer Erde an.
- Häufeln Sie die Rose erst wieder ab, wenn sie austreibt.

Diese Regeln gelten auch und gerade bei der Frühjahrspflanzung, denn das Anhäufeln ist nicht nur Winterschutz, sondern auch Verdunstungsschutz.

Rosen veredeln

Die Bildserie zeigt Ihnen die Veredlungstechnik. Erlernen kann man das Veredeln nur in der Praxis bei erfahrenen Gärtnern.

Wildtriebe entfernen

Zunächst ist es wichtig, die Wildtriebe zu erkennen. Bei Bäumchen ist die Sache einfach: Alle Triebe, die aus der Erde wachen oder unterhalb der Krone direkt dem Stamm entspringen, sind wild. Bei den niedrigen Rosen machen viele Menschen den Fehler, die neuen Basistriebe, die sich ähnlich wie bei den Brombeeren und Himbeeren im Spätsommer bilden, mit Wildtrieben zu verwechseln. Eines der „größten Märchen“ in der Rosenpflege ist ohne Zweifel die Theorie, dass alle wilden Triebe sieben Fiederblätter an einem Blatt haben, alle Edlen jedoch nur fünf. Diese Regel stimmt nur, wenn Sie ausschließlich Edelrosen und großblumige Beetrosen haben – und selbst dann nicht immer. Schauen Sie sich erst einmal die Bestachelung und das Laub an. Wenn diese nur eine vergrößerte Ausgabe Ihrer Rose sind, dann ist es ein neuer Basistrieb. Oft haben die Blätter an diesen Trieben nämlich auch ein Fiederblattpaar mehr und sind sieben- oder gar neunblättrig, weil sie einfach größer und kräftiger sind. Ist das Laub aber ganz hell und mattgrün und die Bestachelung ebenfalls total anders, dann ist es wahrscheinlich ein Wildtrieb. Notfalls müssen Sie aufgraben, um zu sehen, wo genau der Trieb entspringt.

Wichtig ist es, den Wildtrieb direkt an seinem Ansatz an der Wurzel zu entfernen. Die unterirdischen „Spargeltriebe“ müssen unbedingt mit herausgezogen werden. Am einfachsten ist es, ganz fest an den großen Trieben zu ziehen. Meist reißt der Wildtrieb dann genau an der richtigen Stelle ab. Notfalls müssen Sie nachgraben und die Ansatzstelle freilegen. Werden Wildtriebe nicht am Ansatz entfernt, sondern einfach abgeschnitten und die unterirdischen Aststummel belassen, verzweigen sie sich wie ein gestutzter Ast. Sie schlagen also nicht nur neu aus, sondern werden sogar immer kräftiger. Edle Wurzelausläufer kann man ruhig wachsen lassen, weil die Pflanze so umso schöner und üppiger wird.

Wildtrieb an 'J. Cartier' deutlich zu erkennen am anderen Laub und der anderen Bestachelung.

Wildtrieb an 'J. Cartier' sauber entfernt durch abreißen.

Rosen veredeln

Bilderserie

Wildlinge binden

Pflanzmaschine für Rosen

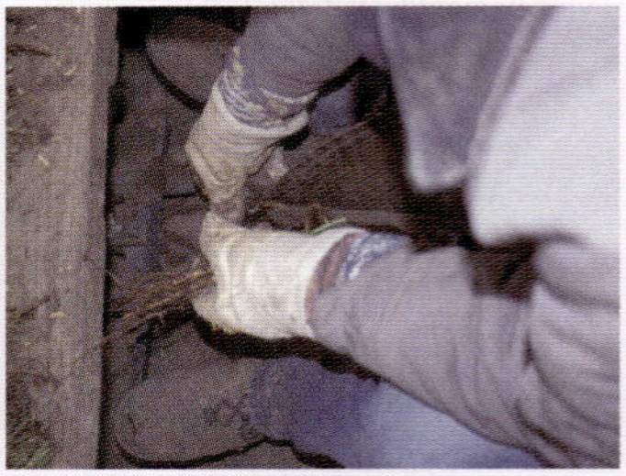

Pflanzmaschine: Einlegen der Wildlinge

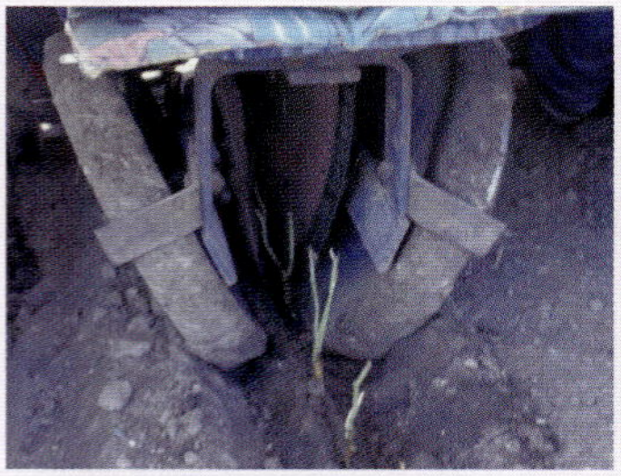

Pflanzmaschine

Nachpflanzen fehlender Wildlinge

Anhäufeln der Wildlinge

Schneiden von Veredelungsreisern

okulieren

veredeln

Okulieren in sechs Schritten. 1 2 3

4 5 Okulationen abwerfen 6

Austreibende Veredlungen

Rosen auspflügen mit GT

Ausgepflügte Rosen herausziehen

Rosenpflanzenernte 2007

Rosenpflanzen aufladen

Rosenpflanzen im Kühllager

Gedanken zum Veredeln

Wer genau das Veredeln erfunden hat, ist nicht ganz klar. Die ältesten Quellen um 800 vor Christus nennen die Göttin Pomona selbst, andere den Arzt Hippokrates, der um 450 vor Christus seine ärztliche Chirurgenkunst an Obstbäumen ausprobiert haben soll. Klar ist aber, dass es bis heute eine der höchsten Künste des Gartenbaus ist.

Das Veredeln verbindet zwei verschiedene Pflanzenwesen zu einem Neuen. Durch diese innige Beziehung entstehen allerlei Wechselwirkungen. Im Obstbau hat man speziell beim Apfel, der ja ebenfalls ein Rosengewächs ist, verschiedenartige Unterlagen gezüchtet, die den Ertrag und die Wuchsstärke beeinflussen. Es gibt aber auch einen starken Einfluss der Edelsorte auf die Unterlage. Wenn wir im Herbst unsere Rosenpflanzen roden, so sehen wir oft, dass dieselben Unterlagen, die bei den Zwergrosen nur feine Wurzeln ausbilden, bei den *Gallica*-Rosen daneben Wurzeln wie Bäume haben. Wie innig solche von Menschenhand geschaffenen Lebensgemeinschaften sein können, zeigt die so genannte Pfropfchimäre *Laburnocytisus*, eine Pflanze, die bei einer Veredlung von rotem Ginster (*Cytisus*) auf Goldregen (*Laburnum*) entstanden ist. Die äußere Hülle dieser Pflanze bildet der Ginster, die Innere der Goldregen. Dadurch entspringen der Pflanze immer wieder Ginster- und Goldregenäste. Zusammen mit den rotbraunen Blüten des *Laburnocytisus* blühen dann drei verschiedene Pflanzen an einer. Die Pfropfchimäre ist ein von Menschenhand geschaffenes, neues Wesen. Es ist also durchaus nicht erstaunlich, dass die Veredlungstechnik immer noch als die höchste Kunst des Gartenbaus gilt. Nach wie vor hilft sie auch im Obstbau, erstaunliche Vorteile und Mehrerträge zu erwirtschaften. Der Gärtner als Schöpfer? Ein bisschen wie Gentechnik, aber ohne Risiko!

Gedanken zu Wildtrieben

Wildtriebe sind eine Art Unkraut, einfach unerwünschtes Wachstum. Gleichzeitig zeigen sie aber auch wie Unkraut etwas Bestimmtes an, was vielleicht nicht in Ordnung ist. Schlecht angewachsene Veredlungen machen immer noch mal Wildtriebe, um sich zu retten. Und auch Rosenbäumchen mit Verletzungen reagieren oft mit Wildtrieben.

Ganz abgesehen davon, gibt es auch edle, Ausläufer bildende Rosen, die manchmal kaum zu bändigen sind. Ich hatte schon Kunden, die um ihre Gallica-Rosen Wurzelsperren eingebaut haben, ähnlich wie bei Bambus, damit Sie sich nicht weiter ausbreiten.

In der Regel hat man ja gegen üppiges Wachstum der Kulturpflanzen nichts, aber auch hier zeigt sich, dass nicht nur die Schädlinge, sondern auch das Unkraut eine Sache der Definition sind.

Starke Wildtriebbildung bei Verwendung von Rosa canina *als Unterlage. Triebe deutlich von der Edelrose zu unterscheiden.*

Bildung von Wildtrieben. Canina *als Unterlage. Triebe deutlich von der Edelrose zu unterscheiden.*

Unkraut ist alles, was nach dem Jäten wieder wächst.

Mark Twain

Insekten

Gartenameise

***Lasius niger* (Schwarze Gartenameise) und *Myrmica rubra* (Rote Gartenameise)**

Eine Blüte der Sorte 'Nur Mahal' wird von Ameisen bevölkert.

Ameisen sind nicht immer direkt schädlich. Häufig üben sie auch Aufgaben einer „Gesundheitspolizei" aus. Speziell die beiden oben genannten Arten können aber erheblich lästig werden, hauptsächlich weil sie gerne die verschiedensten Läuse als „Milchkühe" halten, um das Zuckersekret zu ernten, das die Läuse absondern, da diese der Pflanze beim Saugen stets mehr Kohlehydrate entziehen, als sie selbst brauchen. Daher bringen Ameisen Läuse auch in neue „Weidegründe" und verteidigen sie vehement gegen Fraßfeinde. Zudem verbeißen Ameisen manchmal auch selbst junge Rosentriebe und Blütenknospen, um den Pflanzensaft zu trinken.

Ursachen

Ameisen sind in jedem Garten. Besonders förderlich sind trockene Sandböden oder Wegeplatten auf Sand, unter denen sich ideale Brutbauten anlegen lassen.

Vorbeugung

Vorbeugend hilft, die Erde möglichst überall feucht zu halten, um Nistplätze zu verknappen.

Bekämpfung

Eine Bekämpfung kann mit speziellen Köderdosen erfolgen. Die Ameisen füttern die Köder ihrer Brut, die daraufhin eingeht. Wenn ein mittleres ökologisches Gleichgewicht vorliegt, halten sich Ameisenschäden in Grenzen.

Blattläuse

Macrosiphon rosae und andere Arten

1) Im Frühjahr können Läuse auch lebend gebären. 2) Die Gallmückenlarven (dunkel) ernähren sich von Läusen. 3) Die Rosenrindenlaus, Maculolachnus submacula, *ist eine spezielle Art, die meist nur im Winter oder als Wurzellaus auftritt.*

Von Wilhelm Busch ist folgende Aussage überliefert: „Wem der liebe Gott ein Gärtlein gab und Rosen, dem gab er auch den Mehltau und die Blattlaus, auf dass er`s lernt sich nicht über Kleinigkeiten zu entrüsten." So sicher, wie die Rosen im Frühling frisch austreiben, so sicher bekommen sie auch Läuse. So unvermeidlich, wie der Befall ist, so sicher verschwindet er auch wieder von selbst. Warum ist das so? Die Läuse nutzen, wie viele andere Tiere auch, einfach das reichhaltige Nahrungsangebot zur Vermehrung. Dabei haben sie viele besondere Taktiken entwickelt, um ihren Vorsprung vor ihren Feinden auszunutzen. Sie werden schon früh, bei relativ kühlen Temperaturen aktiv; oft sieht man die Ersten schon, kaum dass die Fröste vorbei sind. Ihre Feinde wie Schwebfliege und Marienkäfer brauchen wesentlich höhere Temperaturen.

Natürlich entwickeln sich die Läuse auch bei Kälte langsamer, aber sie haben meist schon einen guten Vorsprung, wenn die Vermehrungszeit für alle voll beginnt. Dann legen sie aber erst richtig los und nutzen verschiedenste Möglichkeiten: lebende Junge statt Eier, alle drei Tage eine neue Generation und sogar Jungfernzeugung, nur um Zeit zu sparen. Bis dann Ihre Feinde aufgeholt haben, sind schon die ersten geflügelten Generationen erschienen und die Läuse breiten sich weiter auf andere Standorte aus.

Immer jedoch gewinnen die Feinde der Laus letzten Endes die Oberhand. Die Frage ist aber, wie stark die Rosen bis dahin geschädigt worden sind. Deshalb ist es wichtig, die Läuse durchgehend zumindest im Auge zu behalten, um zu entscheiden, ob ein Eingreifen notwendig ist oder nicht. Und nicht zuletzt auch, um zu ergründen, welche Fehler man in der Kulturführung gemacht hat, und warum es zu einer zu starken Läusepopulation kam.

Ursachen

Die Hauptursachen sind ein großes Angebot an Nahrung für die Läuse durch die weichen Triebe im Frühling. Folgende Faktoren wirken zudem förderlich für die Lausentwicklung:

- milde Winter, wodurch die überwinternden Tiere geschont werden
- starke Stickstoffdüngung bzw. überhaupt Düngung mit synthetischen Düngern

• schnelle Wärmeentwicklung nach einer kühleren Frühlingsperiode: Dann spielen die Läuse ihr Entwicklungspotenzial voll aus
• Monokulturen mit wenig wechselnden Kulturpflanzen
• fehlende Überwinterungsmöglichkeiten für Nützlinge
• das Vorhandensein von Ameisen, die sich Läuse gerne als „Milchkühe" zum Zuckersaft melken halten: Ameisen bauen sogar Erdhöhlen für Wurzelläuse, damit diese an Trieben saugen können.

Vorbeugung

• mäßige Düngung und abwechslungsreiche Mischpflanzungen, um Nützlinge zu fördern
• Anbringen von Unterschlupf- und Nistmöglichkeiten für Blattlausfeinde (Ohrenkriecherhäuschen mit Holzwolle, Überwinterungsplätze für Florfliegen, Insektenwände und Nistkästen für Meisen etc.
• Spritzungen im zeitigen Frühling mit Neem-Präparaten, welche die Entwicklung der Läuse hemmen, oder mit Knoblauchmitteln wie ENVIRepel® zur Vergrämung.
• möglichst früh blühende Pollenspender wie *Calendula* oder Gänseblümchen im Garten auspflanzen bzw. erhalten: Diese bieten den Schwebfliegen und Schlupfwespen Nahrung, deren Larven sich wiederum von Läusen ernähren.

Bekämpfung

• Wenn bereits im vorangegangenen Spätsommer oder im Winterquartier an Topfrosen viele Läuse aufgetreten sind, helfen Winterspritzungen mit Ölspritzmitteln wie Promanal® oder Neemöl.
• Erste starke Läuseinvasionen im Mai sollte man mit Kaliseifenspritzungen eindämmen. Sehr gut in der Wirkung und Pflanzenverträglichkeit ist Neudosan®. Wichtig ist, spätabends zu spritzen, damit der seifige Film lange nass auf den Läusen haftet. Je schneller er durch Wärme oder Wind abtrocknet, desto schlechter wirkt er. Diese Bekämpfungsmaßnahme schont die Nützlinge weitgehend, wodurch sich das natürliche Gleichgewicht schneller wieder einpendeln kann.
• Nur in Notfällen sollte man mit Pyrethrummitteln wie Spruzit® behandeln, da dieses die Nutzinsekten schädigt.
• Bei extremen Problemen kann man vom Pflanzenschutzdienst die Lausart bestimmen lassen, um die Bekämpfung sinnvoll zu planen.

Blütenstecher

Anthonomus, meist Anthononus rubi, Erdbeerblütenstecher

Der Blütenstecher ist ein etwa 4 mm kleiner, brauner bis schwarzer Rüsselkäfer, der hinterhältigerweise die Blütenstängel direkt unter der Knospe abbeißt, um dort den süßen Pflanzensaft zu saugen. Oft legt das Weibchen auch Eier in die Knospe, worin sich die neuen Larven innerhalb sieben Wochen entwickeln. Da er dies meist nachts tut, sieht man lediglich am kommenden Tag die abgetrennte Knospe, die häufig noch an einem seidenen Faden hängt. Käfer, die man im Juli beim Fressen findet, sind schon die zweite Generation. Großen Schaden kann der Blütenstecher an Erdbeerkulturen anrichten, an Rosen ist er glücklicherweise selten.

Ursachen

Blütenstecher gibt es immer. Welche genauen Umstände den Befall fördern, ist mir nicht bekannt.

Vorbeugung

Klassisch: Sorgen Sie für eine intaktes ökologisches Gleichgewicht.

Bekämpfung

Sammeln Sie die befallenen Knospen ab. Das Absammeln der Käfer ist wegen der Nachtaktivität schwierig. Insektizide wirken gegen Käfer schlecht oder gar nicht. Da der Käfer tagsüber oberflächennah im Boden wohnt, ist das Ausstreuen von Neem-Samenschrot oder das Gießen von Rainfarntee sinnvoll.

Abgebissene Knospen sind der klassische Schaden des Blütenstechers.

Dieser Käfer bearbeitet eine neue Knospe.

Blütenthripse

Thrips fuscipennis, Frankliniella und andere

Thripse oder Blasenfüße sind kleine Insekten, die sich mehr durch springen und durch Windverdriftung als durch fliegen fortbewegen. Bei uns nennt man sie auch Gewitterfliegen, vor allem die Getreidethripse, die im Sommer bei gewittrigem Wetter auch uns Menschen besonders lästig werden können.

Rosen werden vornehmlich durch Blütenthripse befallen. Nur bei extremem Befall oder der aggressiven Art *Frankliniella occidentalis* treten auch Blattverkrüppelungen auf. Klopft man solche Blüten auf der Hand aus, sieht man die circa 0,5 bis 1 mm langen Tiere laufen. Der so genannte Kalifornische Thrips *(Frankliniella occidentalis)* wurde erst um 1990 aus Amerika eingeschleppt und sitzt gerne in den Blattachseln der Rose. Durch sein Saugen an den jungen Blättern verkrüppeln diese.

Ursachen
Heiße Sommer begünstigen den Befall. Bevorzugt werden helle, ganz besonders gelbe Rosen befallen.

Vorbeugung
Folgende Vorbeugemaßnahmen können helfen:
- keine empfindlichen (zartgelbe) Rosen pflanzen
- nützliche Insekten fördern
- im Glashaus Raubmilben (*Amblyseius cucumeris* und *A. barkeri*) aussetzen.

Bekämpfung
Die Bekämpfung ist sehr schwierig. Bei kühlem Wetter kann man die Rosen mit Neemöl spritzen. Unter Umständen hat auch Neudosan® gegen Jungtiere eine beschränkte Wirkung.
Total befallene Blüten sind zu beseitigen.

Die Blüte einer 'Papi Delbard' ist außen an den Blütenrändern total zerfressen. Eine direkt daneben stehende 'Colette' war gleichzeitig symptomfrei.

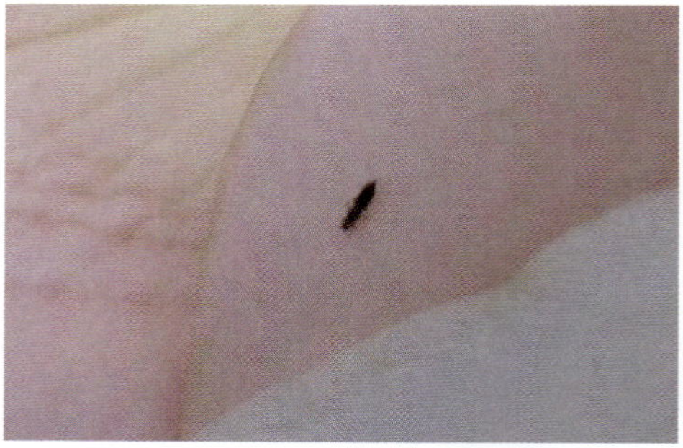

Bei dieser starken Vergrößerung eine Blüte lässt sich der Thrips gut sehen.

Bürstenhornwespe

Arge rosae, Syn. Arge ochropus

Die Bürstenhornwespe, auch Nähfliege genannt, zählt zu den Blattwespen. Ihr Lebenszyklus und andere Verhaltensweisen sind ähnlich wie bei anderen Blattwespenarten.
Die Eiablage erfolgt im Frühling, aber durch Einstechen in die Triebe, wobei oft bis zu zehn Einstiche nebeneinander erfolgen. Durch diese Einstiche können junge Triebe einseitig verkrüppeln und sich verbiegen. Meist ist der Schaden glücklicherweise begrenzt.

Ursachen
Diese Insekten sind in der Natur immer vorhanden. Eine stärkere Ausbreitung erfolgt nur bei fehlenden Fressfeinden.

Vorbeugung
Die beste Vorbeugung ist, für ein stabiles ökologisches Gleichgewicht zu sorgen und Nützlinge zu fördern.

Bekämpfung
Eine Bekämpfung ist schwierig bis unmöglich. Bei extremem Befall sind die angestochenen Triebe zu vernichten und im kommenden Frühling Neem zu spritzen.

Die Bürstenhornwespe ist nur 10 bis 12 mm groß.

Dickmaulrüssler

Otiorhynchus sulcatus

Der so genannte Gefurchte Dickmaulrüssler ist bei Rosen zwar ein seltener, aber gefürchteter Schädling. Der Käfer selbst ist nachtaktiv und verursacht einen typischen Buchtenfraß an den Blättern. Wesentlich heftiger noch sind die Schäden, welche seine Larven, etwa 1,5 cm große Engerlinge an den Wurzeln anrichten. Ganze Rosenpflanzen können davon absterben. Die Engerlinge lieben lockeren humosen Boden. Besonders stark treten sie in Topfkulturen auf.

Ursachen
Extrem lockere Erden oder Topfsubstrate in Verbindung mit einigen eingeschleppten Tieren können zur Epidemie führen.

Vorbeugung
Vorsicht ist beim Pflanzenzukauf geboten, speziell von Topfpflanzen, die man in eine Gärtnerei einbringt. Empfindliche Kulturen, etwa Rhododendren und Eiben, bei Stauden besonders das Purpurglöckchen (*Heuchera*), zweimal jährlich vorbeugend mit parasitären Nematoden (*Heterorhabditis* spp.) angießen.

Bekämpfung
Das Ablesen der nachtaktiven Tiere kann kurzfristig eine Verminderung des Fraßes bringen, aber nicht mehr. Noch in den 80er-Jahren des vorherigen Jahrhunderts gossen Gärtner ihre kompletten Topfquartiere massiv mit harten Chemikalien ab, um die Larven zu töten.

Dickmaulrüssler

Heute kann man über Nützlingsfirmen ein spezielles Präparat mit *Heterorhabditis*-Nematoden bestellen. Diese etwa 0,5 mm großen Fadenwürmer befallen die Larven und töten sie ab. Im Gegensatz zur chemischen Bekämpfung wirken diese selektiv, schaden anderen Organismen nicht und sind zuverlässiger. Wichtig ist es, den richtigen Zeitpunkt für die Behandlung zu wählen. Ideal ist eine warme, feuchte Spätsommerperiode mit Temperaturen über 12 °C.

Frostspannerraupen

Operophtera brumata

Die Larven der Spanner sind daran zu erkennen, dass sie nur vorne und hinten am Körper Beine haben und sich durch das berühmte Buckeln vorwärts bewegen. Der Frostspanner hat durch die großen Schäden, die seine Raupen im Obstbau anrichten, traurige Berühmtheit erlangt. Leider mag er auch sehr gerne Rosenlaub.

Ursachen

Bezeichnenderweise tritt er umso stärker auf, je mehr späte Fröste es im Frühling gibt und je näher Obstbäume stehen.

Vorbeugung

Die berühmten Leimringe, die die flugunfähigen Weibchen im Oktober daran hindern, zur Eiablage auf die Bäume zu gelangen, nutzen leider bei Sträuchern nichts oder sind unpraktikabel.

Bekämpfung

Die Bekämpfung gelingt zuverlässig mit Neudorffs Raupenspritzmittel. Dieses enthält *Bacillus thuringiensis*, ein spezielles Bakterium, das nur Falterraupen befällt. Für alle anderen Lebewesen ist er ungefährlich. Wichtig zu wissen ist, dass der Bazillus etwa fünf bis sechs warme Tage braucht, bis er die Raupe abgetötet hat. Je kleiner die Raupen sind, desto schneller und besser wirkt er. Daher sollte er am besten, ggf. prophylaktisch, schon Ende April ausgebracht werden. Die Ansage der Obstbauberatung gibt genauere Informationen. Der Zusatz von 0,5 Prozent Zucker zur Spritzbrühe beschleunigt die Aufnahme des Mittels. Bei bereits älteren Raupen, oder geringem Befall ist auch das Absammeln möglich.

Diese Raupe wurde bereits durch Bacillus thuringiensis *abgetötet.*

Gartenlaubkäfer

Phyllopertha horticola

Der Gartenlaubkäfer ähnelt dem etwas größeren Junikäfer, hat aber einen metallisch grünen Halsschild. Er ist mit etwa 1 cm Länge ein kleiner Käfer, der im Juni manchmal massenhaft auftreten kann. Ähnlich wie beim Maikäfer ist die Population oft regional besonders stark.
Sein Erscheinen kann einen kompletten Blütenflor vernichten, da die weichen Blütenblätter seine Leibspeise sind. Aber auch an Laubblättern richtet er Schaden an. Seine Larven, kleine Engerlinge im Boden, fressen ausschließlich Pflanzenwurzeln. Nach der Paarung im Juni legen die Weibchen die Eier im Boden ab und die Engerlinge fressen dann vornehmlich im Spätsommer. Nach zwei bis drei Jahren verpuppen sie sich und schlüpfen dann im Juni als Käfer. Außerhalb des Massenauftretens hält sich der Schaden in Grenzen.

Ursachen

Welche genaueren Ursachen das regionale Auftreten hat, ist mir nicht bekannt. Die Engerlinge bevorzugen sandigen, lockeren Boden. Sein Lebensraum reicht vom Waldrand über Felder bis in Gärten; reine Waldbestände werden gemieden.

Vorbeugung

Behalten Sie die Natur im Auge. Sollten bei Ihnen in der Nähe häufiger Gartenlaubkäfer auftreten, sollten Sie daran denken, Ihren Gartenboden eventuell mit Nematodenpräparaten (*Heterorhabditis bacteriophora*) zu behandeln.

Gartenlaubkäferparty in einer Rosenblüte: Ärgerlich sind hier die zerstörten Blütenblätter.

Bekämpfung

Eine effektive Bekämpfung ist mit Nematoden (*Heterorhabditis bacteriophora*) möglich. Diese mikroskopisch kleinen Fadenwürmer kann man in Tongranulat über Nützlingsfirmen bestellen und im Spätsommer im Garten ausgießen. Die Nematoden suchen im feuchten Boden die Larven auf und befallen sie. Eine direkte Bekämpfung der Käfer ist wenig sinnvoll. Das Absammeln ist zu uneffektiv und Behandlungsmittel wirken schlecht.

Minierfliegen

Agromyzidae

1

2

3

Diese Fliegen, von denen es viele verschiedene Arten gibt, legen ihre Eier in den Blättern ab. Die Larve frisst dann innerhalb des Blattes, wodurch Fraßgänge entstehen. Erst kurz vor der Verpuppung seilt sich die Larve zum Boden ab. Minierfliegen sind an Rosen sehr selten. Der Schaden ist begrenzt.

Ursachen
Es sind keine besonderen Ursachen bekannt.

Vorbeugung
Wenn Sie für ein intaktes ökologisches Gleichgewicht im Garten sorgen, bleibt die Zahl dieser Insekten gering.

1) Dies ist keine Minierfliege, sondern die Larve einer Mottenart auf der Familie Tischeria. *2) Die Miniermotte sitzt in ihrer selbst gefressenen „Höhle“.*
3) Das Bild zeigt das Schadbild der Miniermotte. Bei Minierfliegen sieht man eher Fraßgänge statt solcher Höhlen.

Bekämpfung
Bei stärkerem Befall können angefressene Blätter abgesammelt und vernichtet werden. Mehr Bekämpfung ist nicht nötig. Herkömmliche Bekämpfungsmittel erreichen die Larven in den Blättern ohnehin nicht.

Okuliermade

Thomasiniana oculiperda, Syn. Clinodiplosis oculiperda

Die Okuliermade ist auch als rote Made bekannt. Sie ist die Larve einer Gallmückenart. Um leichter an den begehrten Pflanzensaft zu gelangen, hat sich diese Gallmücke darauf spezialisiert, ihre Eier an Verwundungen der Pflanze abzulegen, und benutzt dazu gerne die Schnittstellen, die bei der Veredlung entstehen. Der Fraß der Maden verhindert dann das Anwachsen der Veredlung.

Ursachen
Diese Gallmücke nutzt Pflanzenwunden. Sie orientiert sich vermutlich an Pflanzensaftdüften.

Vorbeugung
Okulationen müssen sorgfältig verschlossen werden. Seit der Einführung der Kautschukgummiverschlüsse und des frühen Veredelns ist das Vorkommen der Gallmücke stark reduziert worden. Eventuell kann man zur Irritation der Mücke während der Veredlungszeit Knoblauchmittel oder Lavendelöl spritzen.

Bekämpfung
Es ist keine direkte Bekämpfung möglich.

Das Kallusgewebe ist komplett aufgefressen. Dieses Edelauge hat keine Überlebenschance.

Rapsglanzkäfer

Meligethes aeneus

Der nur etwa 3 mm große Rapsglanzkäfer richtet in Rapskulturen oft erhebliche Schäden an, wenn er die Knopsen aufbeißt, um an die Pollen und Stempel zu gelangen. In Rosenblüten ist er zwar gegen Ende der Rapsblüte ebenfalls häufig zu finden, aber der Schaden durch Pollenfressen ist dort meist gering. Zudem wäre selbst die eine oder andere dadurch verhinderte Hagebutte meist nicht tragisch.

Ursachen
Eine Ursache für das vermehrte Auftreten ist der zunehmende Rapsanbau.

Vorbeugung
Vorbeugende Maßnahmen sind nicht bekannt. Man kann Kohlgewächse in der Nähe der Rosen vermeiden.

Bekämpfung
Glücklicherweise ist eine Bekämpfung nicht nötig. Zudem ist der Käfer, vermutlich durch die Bekämpfung im Raps, ohnehin resistent gegen Pflanzenschutzmittel mit Pyrethrum.

Auf der Blüte einer 'Bobby James' tummeln sich einige Rapsglanzkäfer.

Rosenblattgallmücke

Wachtliella rosarum

Die Rosenblattgallmücke legt ihre Eier in die Blattspreiten der jungen Rosenblätter ab, bevor diese sich entfaltet haben. Durch die Saugtätigkeit werden die Blätter an der Entfaltung gehindert und verkrüppeln. Wenn man die Blätter gewaltsam öffnet, findet man die Maden.
Der Befall ist selten, und selbst wenn in einem Jahr einmal viele Blätter befallen sein sollten, kann der Besatz im nächsten von selbst wieder ausbleiben. Der Schaden an den Rosen bleibt meist vernachlässigbar.

Vorbeugung
Vorbeugemaßnahmen sind nicht direkt bekannt. Eventuell kann eine frühzeitige Spritzung mit Neemöl erfolgen, das alle Schadinsekten hemmt.

In den zusammengerollten Blättern wachsen die Maden heran.

Bekämpfung
Rosenblattgallmücken können durch Absammeln der befallenen Blätter und Vernichten der Maden kontrolliert werden. Dies reicht vollkommen aus und beseitigt gleichzeitig den optischen Schaden. Spritzmittel erreichen die Maden in den Blättern ohnehin nicht.

Rosenblattrollwespe

Blennocampa pusilla

Das typische zigarettenartige Einrollen der einzelnen Fiederblätter wird durch die Saugtätigkeit der Larve dieser Wespenart verursacht. In der Regel ist weder das Insekt noch die sich in dem Blatt entwickelnde Larve zu finden. Meist hat diese dann, wenn man den Schaden sieht, das Blatt bereits verlassen. Zudem ist die Larve extrem klein und nur mit gutem Auge zu sehen. Wenn sie ausgewachsen ist, verpuppt sie sich im Boden. Im Frühling schlüpft dann die etwa 4 mm große schwarze Wespe. Der Befall wird durch schattige Standorte gefördert. Und es gibt empfindlichere

Sorten, wie etwa die Strauchrose 'Schneewittchen'. Örtlich können witterungsbedingt regelrechte Epidemien auftreten, bei denen fast alle Rosenblätter befallen werden. In jedem Fall aber verliert sich der Befall von selbst wieder! Die Blattrollwespe bildet nur einmal im Frühling eine Generation aus. Daher gibt es im Sommer keinen neuen Befall, und die Rosen erholen sich wieder. Oft werden überflüssige Spritzmittel empfohlen, und die Kunden sind zufrieden, weil der Befall aufhört. Dabei hätte er dies ohnehin getan!

Typisches Schadbild sind die zigarettenartig eingerollten Laubblätter.

Ursachen

Die Anfälligkeit bestimmter Sorten und zu schattige Standorte sind die Hauptursachen.

Vorbeugung

Neben der Auswahl des Standorts und geeigneter Sorten ist es sehr effektiv, die befallenen Blätter zu entfernen. Dadurch wird der nächstjährige Befall vermindert und auf Dauer von Jahr zu Jahr weniger. Da meist nur fünf bis zehn Prozent der Blätter befallen werden, verkraften die Rosen den Blattverlust problemlos. Eine Bodenbearbeitung im zeitigen Frühjahr bekämpft die Puppen im Boden.

Bekämpfung

Eine Bekämpfung ist meist unmöglich, da das Insekt und die Larve eingerollt im Blatt sitzen. Bei extremem Befall kann man im Folgejahr versuchen, mit einem Kontaktgift aus Pyrethrum (Spruzit®) zu spritzen, bevor sich die Blätter einrollen. Meist ist dies aber uneffektiv und nicht nötig.

Rosenblattwespen

Caliroa aethiops, Allantus cinctus, Cladius difformis, Arge pagana

In Europa gibt es angeblich 9 000 Arten von Blattwespen, kaum verwunderlich, dass es unklar ist, welche es genau ist, zumal es mehrere Arten gibt, die Rosen mögen. Was wir meist als Rosenblattwespen bezeichnen, sind die kleinen gelbgrünen Raupen, die als wahre Feinschmecker nur die weiche Unterseite der Blätter abfressen und das harte Obere stehen lassen. Dadurch entdeckt man den Schaden oft erst, wenn die Raupen sich bereits abgeseilt und im Boden verpuppt haben. Die Raupe der Letztgenannten, *Arge pagana*, frisst vermutlich das ganze Blatt außer den Mittelrippen. Diese Blattwespen bilden meist zwei Generationen pro Jahr aus, wobei die Zweite meist erst im September ihren Höhepunkt erreicht.
Glücklicherweise richtet dieser späte Blattverlust keine großen Schäden mehr an.

*1) Von oben sieht man das Schadbild: Helle Blattstellen. 2) Die Ursache ist eine kleine „Feinschmeckerraupe“, nur die weichen Unterseiten abraspelt. 3) Es gibt auch Wespenlarven, denen die Blattoberseite besser schmeckt. 4) Die Larven der Gelbe Pappelblattwespe (*Trichiocampus viminalis*) fressen das ganze Blatt. Sie treten vornehmlich im Spätsommer auf. Der Befall kann stellenweise heftig sein. Da das Wachstum der Rosen jedoch dem Ende zugeht, ist die Schädigung meist nicht schlimm.*

Ursache

Meist liegen keine besonderen Ursachen vor. Ein gewisses Maß an Blattwespen gibt es immer.

Vorbeugung

Wie so oft reicht auch hier eine gutes ökologisches Gleichgewicht aus, so dass genügend Nutzinsekten oder Vögel da sind, welche die Wespen und ihre Larven wieder reduzieren.

Bekämpfung

Das Absammeln oder Zerdrücken der Raupen genügt meist sogar bei stärkerem Befall. In seltenen Notfällen einer Invasion kann man Spruzit® oder ein anderes Pyrethrum-Mittel anwenden. Dieses schädigt bekanntlich ja auch Nutzinsekten. Bei einer späten Anwendung im September ist der Schaden aber meist gering. Es sind unbedingt auch die Blattunterseiten zu spritzen, wo die meiste Raupen sitzen.
WICHTIG: Raupenspritzmittel mit *Bacillus thuringiensis* wirken hier nicht! Diese wirken nur gegen Schmetterlingsraupen – also auch gegen Mottenlarven, aber nicht gegen Wespenlarven.

Rosengallwespen

Diplolepis spec., Rhodites spec. etc.

Gallen sind Wucherungen an Pflanzen, die meist durch das Einwirken von Insekten, eben den Gallwespen, entstehen. Durch bestimmte Enzyme veranlassen die Insektenlarven die Pflanze dazu, ihnen einen speziellen „Kokon“ aus Pflanzengewebe zu bauen, in dem sie geschützt leben können. Diese Gallen können auftreten als

- kleine Kugeln an den Blättern erscheinen (*Diplolepis eglanteriae*)
- als Verdickung des Triebes selbst (keine Wespe, sondern der Rosenprachtkäfer *Agrilus rubicola*)
- zusammengewachsene Ansammlung von außen meist glatten Gallengehäusen mit feinen Stacheln, auch Igelgallen genannt (*Diplolepis mayri*)
- klassischer haariger „Schlafapfel“ oder

Gallapfel, der in seinem Inneren viele kleine Kammern hat (*Diplolepis rosae oder Rhodites rosae*).
In früheren Zeiten schrieb man dem Gallapfel auch Heilkräfte zu. Unter das Kopfkissen gelegt sollte er als „Schlafapfel" Schlafstörungen beseitigen. Nennenswerte Schäden verursachen diese Gallen meist nicht. Einige sollen an Ölrosen negativ auffallen und viele Triebe zerstören.

Ursachen
Es sind keine besonderen Ursachen bekannt. Gallwespen gibt es häufig und in vielen Arten.

Vorbeugung
Maßnahmen zur Vorbeuge sind nicht bekannt. Es gilt, für ein gutes ökologisches Gleichgewicht zu sorgen, um ausreichend Feinde anzulocken.

Bekämpfung
Eine Bekämpfung ist bis jetzt bei uns noch nie nötig geworden. Im Gegenteil: Ein gefundener Gallapfel ist immer eine kleine Sensation!

1) Solche klassischen Schlafäpfel bildet die Rose bei einem Befall mit der Art Rhodites rosae *aus. 2) Die Larven leben in ihren Gehäusen im Inneren des Gallapfels. 3) Diese Galle stammt von der Art* Diplolepis mayri. *4) Solche Triebverdickungen werden durch* Agrilus rubicola *hervorgerufen.*

Rosenkäfer

Cetonia aurata

Der Gemeine Rosenkäfer ist schon fast mehr als Nützling denn als Schädling zu betrachten. Der erwachsene Rosenkäfer schädigt zwar die Blüte, indem er die Staubgefäße und manchmal auch an den Blütenblättern frisst, seine Larven jedoch sind wichtige Kompostbewohner. Dort zersetzen sie totes Holz und Rinde. Da der Rosenkäfer extrem empfindlich auf chemischen Pflanzenschutz reagiert, ist er zum Sinnbild für eine intakte Ökologie geworden. Ähnlich verhalten sich der ebenfalls gezeigte Pinselkäfer, *Trichius rosaceus*, und der kleine schwarze Trauer-Rosenkäfer, *Oxythyrea funesta*, in der Ökologie.

Ursachen

Der Rosenkäfer kennzeichnet eine intakte Ökologie und eine gute Humusversorgung! In alten Rosenbüchern las man oft den Hinweis, möglichst keinerlei Äste oder Holz in Gartennähe liegen zu lassen, sondern alles zu verbrennen und die Erde offen zu halten, um den Larven die Nahrungsgrundlage zu entziehen! Man wollte den Rosenkäfer mit diesen Maßnahmen vertreiben.

Vorbeugung

Bitte tun Sie genau das Gegenteil und legen Sie Komposthaufen und Totholzecken an, um den Rosenkäfer zu fördern!

Bekämpfung

Bitte unterlassen Sie jedwede Bekämpfung und erfreuen Sie sich zusammen mit den schillernden Freunden an Ihren Rosen.

1) Der Gemeine Rosenkäfer, Cetonia aurata, *war 2000 Insekt des Jahres. 2) Rosenkäferlarve im Kompost zählt zu den Nützlingen. 3) Die Larven des Pinselkäfers,* Trichius rosaceus, *sind Totholzbewohner. 4) Der Trauer-Rosenkäfer,* Oxythyrea funesta, *ist eigentlich eine eher südländische Art, die bei uns auf der roten Liste steht. Seit 2005 tritt sie häufiger auf.*

Rosenprachtkäfer (Ringelwurm)

Agrilus cuprescens und Agrilus rubicola

Die große Gattung der Prachtkäfer ist bei uns weit verbreitet. Ihre Larven ernähren sich, indem sie sich durch Pflanzenholz fressen. Der Rosenprachtkäfer befällt neben Rosen oft Himbeeren und Brombeeren. Da der Fraßgang schraubenförmig im Kambium verläuft, ist der Schädling in Rosenkreisen auch als Ringelwurm bekannt. Äußerlich ist eine Verdickung des Triebes sichtbar.
Wird eine junge Rosenpflanze direkt im Wurzelhals angestochen, kann sie so stark geschädigt werden, dass sie abstirbt oder zumindest die Veredlung misslingt. Ansonsten ist zumindest bei intakter Ökologie kein größerer Schaden zu befürchten.

Ursachen

Intensive Monokulturen und das Fehlen von Fraßfeinden des Käfers gelten als Hauptursachen.

Vorbeugung

Das Förderung von Insektenfressern, zum Beispiel durch das Aufstellen von Nistkästen hilft.

Bekämpfung
Eine Bekämpfung mit Insektiziden ist nicht möglich, da die Larve im Holz sitzt. Üblicherweise reicht es aus, befallene Triebe herauszuschneiden und zu vernichten.

1) Das ringförmige Fraßbild ist bezeichnend für den Rosenprachtkäfer. 2) Von außen sieht man nur die Schwellung des Triebes. 3) Die Käfer sind etwa 7 mm groß.

Rosentriebbohrer

Ardis brunniventris und Blennocampa elongatula

Dies sind die Larven verschiedener Wespenarten, welche die Rosentriebe anstechen und ihre Eier hineinlegen. Die Larven fressen sich dann durch das Mark des Rosenstängels und treten, wenn sie ausgewachsen sind, wieder aus, um sich zu verpuppen. Man unterscheidet zwischen dem Abwärtssteigenden Rosentriebbohrer und dem Aufwärtssteigenden Rosentriebbohrer.
Das Ergebnis ist jedoch das Gleiche: verwelkte Triebspitzen. Glücklicherweise treten beide Arten selten epidemisch auf. Meist werden nur einige Triebe befallen und oft sterben diese auch nicht ganz ab. Aber sie bringen keine Blüte mehr. Ein einziges Mal sah ich bei meinem Onkel in Bayern einen Rosenstrauch, bei dem sämtliche Triebe angestochen waren. Mein Vater schnitt den Strauch zurück. Sechs Wochen später stand er (zu einer Zeit, wenn sonst wenig Rosen blühen) wieder in voller Blüte und das Problem wiederholte sich nie wieder.

Ursachen
Spezielle Ursachen sind nicht bekannt. Eventuell wirkt die Nähe von bestimmten Gehölzen förderlich.

Vorbeugung
Eine Vorbeugung ist nicht direkt möglich.

Bekämpfung
Ein Rückschnitt der befallenen Triebe reicht vollkommen aus. Bekämpfungsmittel erreichen die Raupe ohnehin im Trieb nicht.

Oberhalb der Austrittstelle der Triebbohrerraupe verwelkt meist der Austrieb.

Rosenwickler

Notocelia roborana, Teras forskaleana, Acleris bergmanniana

Welcher ist es denn? Die Zahl der Wicklerarten ist genauso unübersichtlich wie die der Blattwespen. Alle aber sind Nachtfalter, also Schmetterlinge. An den Rosen fällt uns meistens ihre Raupe auf, wenn sie an den Blättern frisst. Daran, dass Sie sich in die Blätter einrollen, erkennt man den Wickler. Einige verpuppen sich auch so, aber die meisten seilen sich ab und verpuppen sich in der Erde.

Die eingesponnenen Blätter sind auffällig.

Ursachen

Rosenwickler sind allgegenwärtig. Es bedarf keiner besonderen Ursachen.

Vorbeugung

Bei einem zu erwartenden stärkeren Befall, wenn es also schon in Vorjahren Probleme gab, kann man schon frühzeitig im April/Mai mit Neudorffs® Raupenspritzmittel spritzen.

Der Übeltäter sitzt in seinem Blattversteck.

Bekämpfung

Neudorffs® Raupenspritzmittel enthält *Bacillus thuringiensis*, ein Bakterium, das ausschließlich Falterraupen infiziert. Eine Spritzung reicht bei rechtzeitiger Anwendung aus. Meist ist der Befall ohnehin nur vereinzelt und wird von Vögeln und anderen Nützlingen begrenzt. Das Absammeln einzelner Raupen hilft auch gut.

Rosenzikade

Edwardsiana rosae, Syn. Typhlocyba rosae

Rosenzikaden sehen ähnlich aus wie Weiße Fliegen und werden daher auch oft als fälschlich als solche bezeichnet. Erkennen kann man sie daran, dass sie diagonal übers Blatt laufen. Sie sitzen auf den Unterseiten der Blätter. Durch ihre Saugtätigkeit bilden sich auf den Blattoberseiten silbrig weiße Pünktchen. Bei stärkerem Befall stagniert jegliches Wachstum. Zikaden lieben warmes, trockenes Wetter. Daher treten Sie nur in warmen Sommern im Freien heftiger auf. Nur bei Wärme fliegen sie auf, wenn man die Sträucher bewegt; bei Kälte werden sie wie viele Insekten unbeweglich. Daher sollte man für die Bekämpfung die frühen Morgenstunden nutzen.

Ursache

Trockenes Sommerwetter, heiße Standorte, gute Überwinterungsmöglichkeiten an „immergrünen" Rosen, empfindlichere Sorten – bei uns ist 'Pompon de Bourgogne' öfter befallen als andere Rosen – begünstigen den Befall.

Vorbeugung

Vermeiden Sie Rosen an heißen Standorten. Bei extremer Hitze hilft, wie bei Spinnmilben auch, einmal frühmorgens bewusst über die Blätter zu wässern, um die Luftfeuchtigkeit zu erhöhen.

Bekämpfung

Die Bekämpfung mit Kaliseifenmitteln wie Neudosan® ist gut möglich, wenn man an einem möglichst kühlen Tag sehr früh morgens auch kräftig unter die Blätter sprüht und.

Typisch an diesem Blattschaden sind die weißen Punkte; die Rotfärbung ist seltener.

Die winzigen Tiere sitzen auf der Blattunterseite.

Schaumzikaden

Cercopidae, zum Beispiel Philaenus spumarius

Im Volksmund nennt man das schaumige Sekret Kuckucksspeichel. Jeder hat es wohl im Frühling schon irgendwo im Gras gesehen. Wühlt man in der Schaumhülle, findet man die darin versteckte Zikade, die in ihrem Schutzmantel ungestört an der Pflanze saugt. Schaumzikaden treten nur als wenige Einzeltiere auf; ich habe ich noch nie einen Massenbefall erlebt.

Diese Zikade hat ihre Schaumhülle direkt an eine Rosenknospe gesetzt.

Ursache
Es gibt immer einige Schaumzikaden, in der Nähe von saftigen Wiesen vielleicht ein paar mehr.

Vorbeugung
Es sind keine speziellen Vorbeugemaßnahmen bekannt. Eventuell ist Neemöl denkbar.

Bekämpfung
Notfalls genügt das Absteifen der Schaumhülle. Behandlungsmittel erreichen die Zikade in ihrem Schaummantel ohnehin kaum.

Spinner

zum Beispiel Orgyia antiqua, der Schlehen-Bürstenspinner

Spinner ist die Bezeichnung für eine Gruppe von Faltern, deren Raupen sich in Gespinste einhüllen oder zumindest darin verpuppen. Einige von ihnen treten an Rosen auf, allerdings nur sporadisch und selten. Zudem richten sie meist keinen nennenswerten Schaden an. Einer davon ist der weit verbreitete Schlehen-Bürstenspinner. Seine hübsche Raupe finden wir regelmäßig im Spätsommer auf unseren Rosenfeldern. Wie so oft in diesem Fall ist der Falter später ein eher unscheinbarer Nachtfalter.

Ursachen
Die Nähe von Hecken und Wildgehölzen kann förderlich sein.

Vorbeugung
Vorbeugemaßnahmen sind nicht direkt bekannt und auch nicht nötig.

Bekämpfung
In extremen Fällen hilft Absammeln, zum Beispiel die Nester der Schwammspinner, in deren Gespinsten oft Hunderte von Raupen als Kolonie hausen. Diese Nester kann man mitsamt dem Ast, an dem sie hängen, abschneiden und entsorgen.

Die Raupe des Schlehenspinners ist eine echte Schönheit.

Spinnmilben

Tetranychus urticae und andere

Diese mit etwa 0,5 mm extrem kleinen Spinnentiere saugen ähnlich wie Läuse an den Blättern der Rose. Sie treten nur bei extremer Hitze und Trockenheit auch im Freien auf, sonst eher nur im Glashaus. Probleme mit ihnen gibt es zudem oft an überdachten Standorten, wie unter Vordächern und Markisen. Wie alle Spinnen bevorzugen sie Trockenheit und Wärme.
Befallene Rosen stellen zunächst das Wachstum ein und bekommen gelblich pergamentfarbene, extrem kleine Punkte auf den Blättern. Danach werden die Blätter gänzlich pergamentfarben und im Extremfall (nur im Glashaus) wird die ganze Pflanze von sehr feinen Gespinsten überzogen. Befallene Pflanzen erholen sich selbst nach dem Absterben der Milben nur sehr zögerlich, meist erst in der nächsten Saison.

Extrem befallene Glashausrose: Die Punkte auf dem Netz sind die Tiere.

Ursache
Extreme Trockenheit und trockene Luft sind die Hauptursachen.

Vorbeugung
Wichtig ist, für eine hohe Luftfeuchtigkeit zu sorgen. An überdachten Standorten sollte man auch einmal über das Blatt gießen.

In Glashäusern sind frühzeitig Raubmilben auszusetzen. Diese etablieren sich und bleiben in den Rosen. Vorbeugende Frühjahrsspritzungen mit Ölmitteln wie Neem töten überwinternde Eier ab. Speziell im Glashaus sollte man prophylaktisch Nützlinge (Raubmilben und Raubwanzen) aussetzen.

Bekämpfung
Diese Milben sind sehr hartnäckig und mit Chemie nur sehr schlecht zu bekämpfen. Mehrmalig in dreitägigem Abstand mit Neudosan® zu spritzen wirkt bedingt gut, jedoch nicht auf die Eier. Danach kann man Raubmilben aussetzen. Die mit etwa 1,5 mm wesentlich größeren Raubmilben benötigen ebenfalls hohe Temperaturen, aber mehr Luftfeuchtigkeit. Sie sind sehr empfindlich gegen Pflanzenschutzmittel! Daher sollte man diese unbedingt meiden! Im Glashaus ist der Nützlingseinsatz sehr effektiv, wenn er rechtzeitig erfolgt.

Weichhautmilben

Tarsonemidae

Weichhautmilben sind Verwandte der Gallmilben. Sie bilden keine Gallen, sondern Blattverkrüppelungen. Diese entstehen durch die Saugtätigkeit der Milben an den jungen Blättern. Die Blätter verkrümmen erst, wenn sie älter werden. Daher wird ein Befall oft erst spät erkannt. Zudem sind die Milben mit 0,2 mm sehr klein. Mit bloßem Auge kann man sie nicht erkennen. Weichhautmilben überwintern in Knospenschuppen und in Blattachseln und lassen sich zur Verbreitung vom Wind tragen. Sie bevorzugen oft bestimmte Rosenarten, zum Beispiel Moschusrosen.

Ursachen
Als typische Spinnentiere lieben Weichhautmilben warmes und trockenes Wetter. Optimal entwickeln können sie sich in heißen Frühlingsperioden.

Vorbeugung
Es hilft, zu heiße und trockene Standorte zu meiden und für ein intaktes ökologisches Gleichgewicht zu sorgen, denn Raubmilben können zumindest frei bewegliche Jungtiere fressen.

Bekämpfung
Milben als Spinnentiere sind bekanntermaßen sehr robust, weshalb nur wenige Pflanzenschutzmittel wirksam sind. Weichhautmilben lassen sich mit Ölspritzungen (am besten Neemöl) bedingt gut bekämpfen; auch Schwefel vertragen Sie nicht gut. Im Vorjahr befallene Pflanzen sollte man unbedingt mit mehreren Austriebsspritzungen behandeln. Schneiden Sie stark befallene Pflanzenteile ab und verbrennen Sie sie möglichst.

Die Saugschäden der Milben zeigen sich in verkrüppelten Blättern.

ANDERE TIERISCHE SCHÄDLINGE

Nematoden (Wurzelälchen)

***Pratylenchus penetrans* und andere**

Nematoden sind mikroskopisch kleine Fadenwürmer. Einige sind aus menschlicher Sicht sehr nützlich, da sie parasitär auf Schädlingen leben (zum Beispiel *Heterorhabditis bacteriophora*, die Dickmaulrüsslerlarven abtötet). Die meisten von ihnen leben aber von und in Pflanzenwurzeln. Ähnlich wie bei Blattläusen ist in der Natur stets eine gewisse Zahl Nematoden vorhanden. Viele Nematoden sind spezialisiert auf bestimmte Pflanzen; besonders gefährlich sind jedoch die Multitalente, die zum Beispiel Kartoffeln und Getreide ebenso befallen wie Rosen.

Ihr Schädigungspotenzial ist hoch. Nach Schätzungen verursachen Nematoden weltweit circa 20 bis 30 Prozent der Ernteausfälle. Große Probleme verursachen aber auch einseitige Massenvermehrungen von Nematoden, die auf bestimmte Pflanzenarten spezialisiert sind.

Üblicherweise ist die Einbuße dennoch erträglich. Allerdings kann sie schnell in immense Höhen schnellen und in Extremfällen zu Kümmerwuchs einer kompletten Kultur und zu Totalausfällen führen. Bei

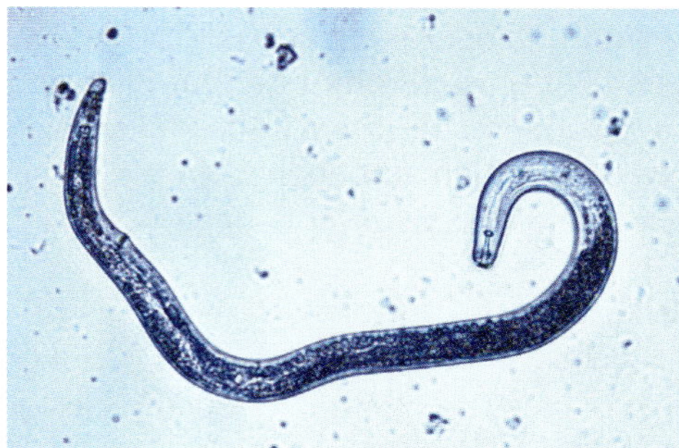

Weibchen von Pratylenchus penetrans, *voll mit Eiern. Diese agressive Nematode dringt ganz in Pflanzenwurzeln ein, und vermehrt sich darin.*

Rosen bezeichnet man diese Ausfälle auch als „Rosenmüdigkeit“, da die Nematoden durch Monokulturen gefördert werden und sich extrem vermehren können, wenn die Fruchtfolgen zu eng sind. Man unterscheidet Gallen bildende Nematoden, die in Knöllchen an den Wurzeln leben und frei lebende Nematoden, die an und in der Pflanzenwurzel frei leben. Bei extremem Befall kann man deformierte Wurzeln sehen; das ist alles. Wenn dann die Schädigung optisch an den Pflanzen

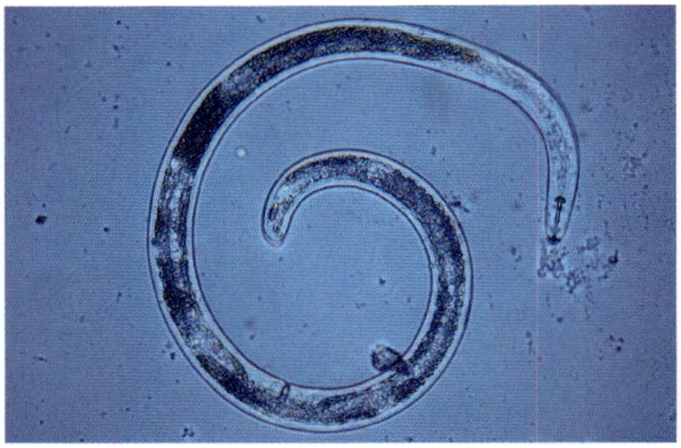

Helicotylenchus spec. *Eine weitverbreitete, eher harmlose Nematode, gut zu sehen der Mundstachel, welcher zum anstechen der Wurzel benutzt wird.*

sichtbar wird, ist sie schon extrem fortgeschritten und dementsprechend verheerend. Hinzu kommt, dass Nematoden mit Erde und Pflanzen weiterverbreitet werden. Daher rühren auch die oft restriktiven Einfuhrbestimmungen für Pflanzen. In gesundem, belebtem Boden halten sich meist auch Nematoden in Grenzen, da sie dort viele Gegenspieler haben.

Ursachen

Ursachen sind:

• Einschleppen durch „verseuchte" Jungpflanzen

• fehlender oder mangelhafter Fruchtwechsel

• verdichtete, nasse Böden, die den Tieren das Wandern im Boden erleichtern

Vorbeugung

Im Großen und Ganzen verhält es sich mit den Nematoden ähnlich wie mit Blattläusen und anderen oberirdischen Schädlingen: Ein natürliches Gleichgewicht der Organismen ist ein Garant für geringe Schäden. Eine gesunde Fruchtfolge und Bodenpflege ist die beste Vorbeugung. Gerade im Boden ist es die Kleinheit der vorhandenen Lebewesen, die sie nicht nur unseren Blicken, sondern auch unserer Vorstellung entzieht. Umso mehr ist hier das gesunde Gefühl des Gärtners gefragt! Regelmäßiger Flächenwechsel bei Feldkultur beziehungsweise Standortwechsel im Garten, wenn neue Rosen gepflanzt werden, verringern die Gefahr. Man kann zum Beispiel ein Sommerblumenbeet und Rosenbeet tauschen. Der Anbau von Unterpflanzungen und Mischkulturen und das Einschieben einer Kultur Tagetes oder andere Einjähriger bei Neubepflanzung – auch als Gründüngung – sind weitere Vorbeugemaßnahmen, außerdem die Förderung der Bodenbiologie durch organische Düngung, Komposte und Mikrobenpräparate wie EM. Das Einarbeiten von gemahlenen Samen des Niembaumes in den Boden wirkt der Entwicklung aller bodenbürtigen Schädlingen, auch von Nematoden, entgegen. Weiter ist ein kompletter mindestens 40 cm tiefer Bodenaustausch beim der Neuanlage alter Rosenbeete möglich.
Es ist ratsam, bei einem entsprechenden Verdacht eine Bodenuntersuchung auf Nematoden machen zu lassen.

Bekämpfung

Eine Bekämpfung ist bei extremem Befall kaum mehr möglich. Meist wäre diese so teuer, dass ein Verzicht auf bestimmte Kulturen auf dieser Fläche sinnvoller ist. Das Sterilisieren der Erde durch Erhitzen auf 100 °C, das so genannte Dämpfen, ist teuer und nur mit Spezialanlagen möglich. Danach ist die Erde absolut steril und sollte durch Mikrobenpräparate mit Mikroorganismen (EM) wieder besiedelt werden, da sonst ein leerer Raum für Schaderreger entstehen kann. Chemische Bodenentseuchungsmittel sind hoch giftig und mittlerweile gänzlich verboten.

Hase, Reh und Co.

Lepus europaeus, Capreolus capreolus und andere

1) Verbiss durch Hasen oder Kaninchen am Holz verursacht bleibende Schäden und Infektionspforten! 2) An den von Rehen im September entblätterten Rosenjungpflanzen entstand kein Schaden, da unmittelbar danach die Winterruhe folgte. 3) Die frischen Spitzen und Blätter schmecken am besten; das Stachlige bleibt stehen.

Unser Haarwild liebt die Rose auf seine Weise: Es hat sie zum Fressen gern! Wer in Waldnähe wohnt, weiß oft ein Lied davon zu singen. In unseren Rosenfeldern laufen die Tiere oft quer durch den ganzen Acker, um eine bestimmte Sorte zu fressen. Diese Kontinuität ist auch das Problem. Würden überall gleich viele Blätter gefressen, könnten die Rosen wieder nachtreiben. Wenn die Tiere aber erst gemerkt haben, was gut schmeckt, sind sie fast mit keinem Mittel mehr abzuhalten.

Ursachen

Erhöhte Gefahr besteht in Wald- oder Feldnähe und bei fehlender Einzäunung.

Vorbeugung

Falls möglich, sollte man Rosenbeete einzäunen. Dies muss aber besonders bei schon erfolgtem Fraß sehr genau erfolgen. Zudem muss der Zaun öfter kontrolliert werden, sonst findet sich immer eine Lücke.

Bekämpfung

Eine Bekämpfung muss im Zweifelsfall der Jäger übernehmen. Dem Gärtner bleibt das Vergrämen mit Geruchsstoffen, wie z. B. auch Menschenhaaren, Vogelscheuchen oder Klapperwindmühlen. Da dies gerade in Wohngegenden sicher nicht auf die Zustimmung Ihrer Nachbarn stößt, hier unsere besten Mittel:

• Alle Pflanzen mit einer fünf- bis zehnprozentigen Buttermilchlösung spritzen. Bis zum nächsten Regen geht dann aufgrund der Milchsäure kein Tier mehr daran.

• Regenfester und effektiver ist der organische Blattdünger Aminofert oder auch Aminosol®, wobei Letzterer tierische Bestandteile enthält.

PILZKRANKHEITEN

Echter Mehltau

Sphaerotheca pannosa var. rosae

1) Echter Mehltau bildet einen weißgrauen Belag auf den Rosenblättern. 2) Extremer Mehltaubefall geht auch auf die Knospen über. 3) An diesen Trieben sieht man Echten Mehltau im Überwinterungsstadium.

Der echte Mehltaupilz bildet – meist an Triebspitzen oder jungen Blättern – einen weißen „Camenbert"-artigen Schimmelpilzrasen. Glücklicherweise verkraften die Rosen die Beeinträchtigungen meist gut und werden nicht extrem stark belastet. Das liegt auch daran, dass die Blätter nicht abfallen, und die Assimilation zwar behindert, aber nicht ganz unterbunden wird. Wenn nicht gerade empfindliche Sorten und ungünstige Standorte zusammenkommen, verliert sich der Echte Mehltau von selbst wieder. Unschön sehen die Pflanzen natürlich dennoch aus, und auch die Blütenbildung und das Wachstum können behindert werden.

Ursachen

Der Echte Mehltau ist ein Schönwetterpilz! Obwohl er wie alle Pilze auf Feuchtigkeit angewiesen ist, ist er ein regelrechter Trockenheitsspezialist. Zur Erstinfektion benötigt er zwar Feuchtigkeit auf der Pflanze. Danach genügt ihm jedoch das Wasser, das er aus der Rose aufnimmt. Temperaturen über 20 °C und 70 Prozent Luftfeuchte reichen zur Infektion aus. Besonders durch Trockenheit gestresste Rosen – speziell Kletterrosen an Hauswänden – befällt er oft extrem stark.

Vorbeugung

Speziell an trockenen Standorten muss

durch Gießen für Feuchtigkeit im Wurzelbereich gesorgt werden. Da Rosen extreme Tiefwurzler sind, bedeutet das selten aber dafür durchdringend zu wässern. An besagten trockenen Hauswänden kann man zum Beispiel einen Gartenschlauch an die Pflanzenbasis legen und den Wasserhahn so aufdrehen, dass er nur tröpfelt und ruhig fünf bis zehn Stunden tröpfeln lassen, damit das Wasser auch einige Meter tief eindringt. Eine solche „Tropfkur" hält bis zu vier Wochen an. Spritzungen mit Sojalecithin, beispielsweise mit BioBlatt Mehltaumittel, wirken vorbeugend.

Bekämpfung

Da der Mehltaupilz nur mit seinen „Wurzeln", den Haustorien, ins Pflanzengewebe eindringt, aber vorwiegend außen sitzt, ist er auch biologisch gut zu bekämpfen. Hervorragend wirkt der Mehltau-Kombipack, ein Kombinationspräparat aus Neemöl und einem speziellen Karbonat („Mehltausalz"). Dieses Mittel ist biologisch absolut unbedenklich und bringt den Pilz zum Absterben. Der alte Pilzrasen bleibt zwar auf dem Blatt, aber die neuen Austriebe bleiben gesund.

Falscher Mehltau

Peronospora sparsa

Falscher Mehltau an Rosen kann nicht mit dem Echten Mehltau verwechselt werden. Er bildet zwar ebenfalls einen Pilzrasen aus, aber dieser ist auf der Blattunterseite und kann nur mit der Lupe gesehen werden. Auf der Blattoberseite äußert er sich durch schwarze Blattflecken, weshalb er oft mit Sternrußtau verwechselt wird. Im Gegensatz zu dessen Sternflecken sind die Flecken des Falschen Mehltaus flächig schwarz und hören oft an Blattadern auf.
Im Gegensatz zum Echten Mehltau, der äußerlich auf dem Blatt sitzt, wächst dieser Pilz interzellular, also in der Pflanze. Zu seiner Entwicklung braucht der Pilz schwüle Wärme und sehr hohe Luftfeuchtigkeit, gepaart mit stark absinkenden Nachttemperaturen. Gefördert wird er durch starke Stickstoffdüngung und schlechte Durchlüftung der Pflanzen. Dies erklärt auch, warum er oft im Gewächshaus auftritt und auch im Freiland bei Schnittrosengärtnern gefürchtet ist. Tritt er massiv auf, kann er binnen weniger Tage ganze Rosenbestände total entlauben, wodurch diese für mindestens eine Saison stark geschwächt werden. Teilweise können sogar junge Triebe Flecken bekommen.

Ursache

Der Falsche Mehltau ist ein Schlechtwetterpilz! Wie für alle Mehltaupilze sind für den Falschen Mehltau auch Bedingungen wie Lichtmangel, enger Stand, Kondenswasserbildung und Feuchte sowie Überdüngung ideal. Kurze Phasen mit extremer schwüler Hitze und hoher Luftfeuchte, denen nasskaltes Wetter folgt, führen oft zu einer explosionsartigen Ausbreitung.

Vorbeugung

Als Vorbeugemaßnahmen können zwei Punkte genannt werden: Rosen mäßig aber ausreichend düngen (Urgesteinsmehl!) und für gute Durchlüftung sorgen.

Bekämpfung

Im fortgeschrittenen Stadium ist eine Bekämpfung nicht mehr möglich. Spritzungen mit Vulkasan bringen jedoch sogar einsetzenden Befall noch zum Stillstand. Dieses alkalische Gesteinsmehl entzieht dem Pilz unter anderem Feuchtigkeit und stoppt seine Entwicklung.

Bei uns blieben sogar Blätter mit Flecken noch bis zum Herbst an den Rosen, obwohl diese sonst binnen Stunden abfallen. Vorbeugend angewendet, kann dieses Gesteinsmehl den Befall mit Falschem Mehltau komplett verhindern.

Typisches Schadbild des Falschen Mehltaus sind Blattflecken, die an Saftbahnen enden. Mehltaubelag ist, wenn überhaupt, nur auf der Blattunterseite zu finden.

Grauschimmel

Botrytis cinerea

Der Grauschimmelpilz tritt nur bei warmer Witterung und extremer Luftfeuchte auf. Der klassische graue Pilzrasen ist fast jedem schon einmal auf einer schimmeligen Erdbeerfrucht begegnet. An Rosen tritt er recht selten auf. Da er nur weiches Pflanzengewebe befällt, ist er nur für Jungpflanzen im Glashaus eine echte Gefahr. Infektionsgefahr besteht, wie bei allen Pilzen, nur bei entsprechender feuchter Witterung und ungenügender Durchlüftung, außerdem wenn die Rose gerade in einem Stadium mit sehr weichen Trieben ist. Man kann diesen Pilz sozusagen als Mittelstufe zwischen den zersetzenden Schlauchpilzen (Ascomyzeten) und den Krankheiten sehen. Aus unserer Sicht ist er aber schon eindeutig als Krankheit zu bezeichnen, weil er zu weiche, überdüngte triebige Pflanzenteile befällt. Da dieser Pilz sehr weit verbreitet ist, tritt er in verschiedener Form auf:

- Klassisch ist der Schimmel auf weichen Trieben oder Blüten vor dem Verblühen.
- Als rote Flecken auf hellen Blüten bei Regen: Durch den Pilz werden hier die unterdrückten roten Farbstoffe in der Blüte sichtbar. Diese Form ist harmlos.
- Schlagartiges Gelbwerden und Abfallen kompletter Knospen kurz vor der Blüte

1) Im Glashaus treten befallene Triebe besonders häufig auf. 2) Die Sorte 'Blanc de Vibert' ist sehr empfindlich, hier eine abgestorbene Knospe. 3) von Botrytis mumifizierte verblühte Rose.

tritt meist nur bei schwüler Wärme im Glashaus auf. Einige Sorten, zum Beispiel 'Swany', sind empfindlicher als andere. Dies ist sehr ärgerlich aber in einem solchen Moment unabänderlich.

• Braunrote Flecken auf dem grünen Holz der Rosen bilden sich auf mastigen Trieben und bei ganz bestimmten Sorten ('Europas Rosengarten'). Der Schaden ist harmlos, wenn die Rose nicht noch zusätzlich extremem Stress, wie zum Beispiel Umpflanzen unter schlechten Bedingungen, ausgesetzt ist. Die fleckigen Triebe treiben im Frühling wieder normal aus.

Ursachen

Hohe Luftfeuchtigkeit und kühle Witterung sowie zu mastiges Wachstum gelten als Hauptursachen.

Vorbeugung

Da Vermeiden von Überdüngung und Spritzungen mit Gesteinsmehlen, Schachtelhalmextrakt und anderen Stärkungsmitteln stellen gute Vorbeugemaßnahmen dar. Speziell in Gewächshäusern sollte gut gelüftet werden. Der Pilz kann auch auf abgestorbenem Material leben. Deshalb muss totes Holz ausgeschnitten werden. Durch die Bildung von Sclerotien zur Überwinterung kommt es sonst zur dauerhaften Verseuchung der Flächen.

Bekämpfung

Eine Bekämpfung ist wegen des geringen Schadenspotenzials des Pilzes meist nicht nötig. Das Entfernen befallener Triebe reicht in der Regel aus. In Extremfällen hilft Schwefel.

Rindenflecken durch Botrytis

Botrytis cinerea

Diese Rindenflecken im Holz treten meist nur über Winter auf. Sie werden verursacht durch den gleichen Erreger wie der Grauschimmel. Es tritt normalerweise außer den Flecken kein weiterer Schaden ein; die Rosen treiben normal wieder aus. Zusätzlicher Stress für die Pflanzen, wie zum Beispiel Umpflanzen und dabei Trockenliegen, kann aber dennoch zu Schäden führen.

Ursachen
Anfälligkeit bestimmter Sorten, zum Beispiel 'Europas Rosengarten', Überdüngung und hohe Luftfeuchtigkeit im Bestand mangels Abtrocknung, vorzugsweise bei kühler Witterung, gelten als Hauptursachen. Massive Schäden treten bei anhaltendem Niederschlag ein.

Vorbeugung
Zur Vorbeuge ist Überdüngung zu vermeiden. Das Streuen von Gesteinsmehlen zur Holzfestigung beugt einem Befall ebenfalls vor.

Bekämpfung
Eine Bekämpfung ist weder möglich noch nötig. Bitte verwechseln Sie diesen Pilz nicht! Man beachte das genaue Schadbild der gleichmäßigen Flecken. Viele andere Blattpilze verursachen ebenfalls Flecken auf dem Holz, die jedoch meist mittig absterben, zum Beispiel der Sternrußtau. Solche Pilze können mit Winterspritzungen reduziert werden.

Die von dem Pilz Botrytis cinerea *hervorgerufenen, gleichmäßigen Flecken stellen keine Gefahr für die Rose dar.*

Ringfleckenkrankheit

Phyllosticta rosarum, Elsinoe rosarum (Konidienform von Sphaceloma rosarum oder Gloesporum rosarum)

Die Ringfleckenkrankheit befällt die Rosenblätter meist im Juni bei nasser, kalter Witterung, ähnlich wie der Sternrußtau. Meist tritt sie einmalig, aber besonders heftig auf, speziell wenn die Rosen schlecht durchlüftet sind. Die typischen Blattflecken zeigen einen schwarzen Ring rund um die Infektionsstelle. Innerhalb dieses Ringes ist das Blattgewebe abgestorben.
Offensichtlich schafft es die Pflanze, die Infektion in den Ringen abzukapseln, denn die Krankheit führt nicht zum Blattfall. Dadurch wird die Rose nicht zu stark geschwächt, und der Schaden beschränkt sich meist auf die unansehnlichen Blätter.

Ursachen
Schlechte Durchlüftung und nasse Witterungsperioden sind die Hauptursachen. Die Krankheit tritt mehr standort- als sortenbedingt auf.

Vorbeugung
Es hilft gut durchlüftete Standorte zu wählen und Pflanzenstärkungsmittel anzuwenden. Der Pilz überwintert wie Sternrußtau auf abgefallenen Blättern, wenn diese nicht ausreichend verrotten. Daher müssen die Blätter im Frühling entfernt oder mit Mulch abgedeckt werden.

Typisches Schadbild der Ringfleckenkrankheit sind diese kleinen dunklen Punkte mit hellem Mittelpunkt.

Die Ringflecken treten flächendeckend über das Rosenblatt verteilt auf.

Bekämpfung

Eine Bekämpfung ist nicht möglich, da der Pilz bei Auftreten der Flecken in den Blättern meist bereits zum Stillstand gekommen ist.

Rosenrost

Phragmidium mucronatum und andere

Es sind neun verschieden Arten! Am häufigsten *Phragmidium mucronatum*. Rosenrost bildet orangerote Pusteln auf der Blattunterseite. Nur im Endstadium kurz vor dem Blattfall „drücken" schwarze Flecken auf die Oberseite durch. Man sollte ihn deshalb nicht mit Sternrußtau verwechseln! Rosenrost kann dazu führen, dass im Innern des Strauches Blätter abfallen, aber meist wachsen die Triebspitzen weiter.

Die meisten modernen Rosensorten sind sehr resistent gegen diesen Pilz. Allerdings hat man speziell bei der Züchtung der Englischen Rosen wieder die anfälligen Remontant- und Alba- Rosen eingekreuzt. Speziell den Alba-Rosen macht aber auch ein starker Befall wenig aus. Sie wachsen im Sommer etwas weniger und sind im nächsten Frühjahr wieder voll da. Bei dauerblühenden Rosen kann es zu erhöhter Frostempfindlichkeit durch das zu späte Abreifen des Holzes kommen. Achten Sie in solchen Fällen auf eine ausreichende Kalidüngung.

Ursache

Kühle, feuchte Standorte fördern die Empfindlichkeit. Längere Niederschlagsperioden bei 18 bis 25 °C mit zwei für fünf Stunden Blattnässe sind optimal. Trockenwarme Witterung beschleunigt einen bereits begonnenen Befall. Weitere Ursachen sind Kalimangel und sortentypische Empfindlichkeiten.

Die Blattflecken sind auf der Oberseite sichtbar.

Vorbeugung

Meiden Sie empfindliche Sorten. Alba-Rosen sollte man nicht in die Nähe von Englischen Rosen pflanzen. Lassen Sie im Frühling kein Laub liegen. Man sollte es entfernen oder mit Mulch oder Kompost bedecken.

Der typische Pilzrasen zeigt sich auf der Blattunterseite.

Bekämpfung

Biologische Pilzschutzmittel wie Schachtelhalmextrakt, Neudo-Vital® oder Vulkasan-Steinmehl wirken nur vorbeugend und pflanzenstärkend.

Rotpustelkrankheit

Nectria cinnabarina

Der Befall dieses Rosentriebs ist durch das Efeublatt als Kontrast besonders gut zu sehen.

Der Rotpustelpilz ist ein Schwächeparasit, der eigentlich nur totes Holz befällt. Seit Neuerem weiß man zwar, dass er auch versucht, lebendes Holz abzutöten, damit er wieder Nahrung gewinnt, aber letztendlich gelingt ihm dies nur bei geschwächten Pflanzen. Leichter fällt es ihm allenfalls bei Japanischem Fächerahorn, der hier kein optimales Klima vorfindet.

Ursachen

Geschwächte Pflanzen und befallene Pflanzenteile als Infektionsquelle sowie Schnittmaßnahmen, die bei nassem Wetter durchgeführt wurden, gelten als Hauptursachen.

Vorbeugung

Totes und geschwächtes Holz sollte man frühzeitig entfernen und keine dürren Stummel stehen lassen.

Bekämpfung

Das Beseitigen von befallenem Holz reicht aus.

Sternrußtau

Diplocarpon rosae, Syn. Marssonina rosae

Sternrußtau ist eine der am weitesten verbreiteten Pilzkrankheiten an Rosen und ohne Zweifel die Lästigste. Kaum eine Rosensorte ist gänzlich immun gegen diesen Pilz. Einzige Ausnahme sind die reinen *Rugosa*-Sorten. Allerdings ist der Grad der Empfindlichkeit je nach Sorte doch sehr unterschiedlich, und es ist immens wichtig, widerstandsfähige Sorten zu wählen.
Der Pilz dringt tief in die Blätter ein. Die befallenen Blätter fallen meist zügig ab. In Extremfällen kann er ganze Pflanzen komplett entlauben, was natürlich Extremstress für die Rose ist. Dennoch können sich selbst so stark befallene Pflanzen meist wieder gut regenerieren, vorausgesetzt, sie haben Zeit dazu. Passiert dieser Blattfall mitten im Sommer, so kann die Rose bereits nach sechs bis acht Wochen wieder blühen. Gelingt es der Rose umgekehrt, bei einem Befall im Herbst noch einige Blätter bis Mitte/Ende Oktober zu behalten, so kann sie gereift in den Winter gehen. Ungünstig ist es, wenn die Rose zum Beispiel Mitte September noch einmal neu ausschlägt und dann mit zu empfindlichen Trieben in die Frostperiode geht.
Einige wenige Rosen wie zum Beispiel die alte Damaszener-Rose 'Rose de Resht' bringen auch das Kunststück fertig, zwar empfänglich für diesen Pilz zu sein, aber dennoch weiter zu wachsen und dadurch auch bei Befall nie gänzlich entblättert zu werden.

Ursachen

Sternrußtau ist ein Schlechtwetterpilz! Zu viele Niederschläge und anhaltende Blattnässe bei niedrigen Temperaturen, insbesondere auch an ungünstigen Standorten, an denen die Blätter schlecht abtrocknen, sind die Hauptursachen – vor allem bei empfindlichen Sorten.

Vorbeugung

Um eine erfolgreiche Vorbeugung zu betreiben, ist es hier besonders wichtig, den Entwicklungszyklus der Krankheit zu kennen. Sternrußtau ist ein typischer Nässepilz. Er kann erst dann die Blätter infizieren, wenn sie mindestens sechs Stunden lang nass sind. Im Glashaus ist er daher unrelevant. Zudem stirbt der Pilz bei hohen Temperaturen ab.
Gefördert wird er daneben eher durch kühle Witterung, speziell kühle Nächte. Sein Optimum liegt bei 15 bis 27 °C liegt. Dennoch verträgt er Kühle gut. Logischerweise tritt Sternrußtau daher immer im inneren Teil der Pflanzen zuerst und meist erst im Spätsommer massiver auf. Auf den abgefallenen Blättern kann er dann überdauern. Er überwintert auch in den Knospenschuppen, speziell an schwachen und älteren Trieben. Die wichtigste Vorbeugemaßnahme ist ein gut auslichtender Schnitt im Frühling, der auch eine bessere Durchlüftung des Strauches ermöglicht. Gleichzeitig sollte man dies mit einem Frühlingsputz auf der Erde verbinden: Liegen gebliebenes Laub sollte entweder entfernt oder aber in die

Erde eingearbeitet werden, damit es von den positiven Bodenorganismen zersetzt werden kann. Dies tötet den Schaderreger ab, denn eine gute Bodenbelebung ist die beste Gesundheitspolizei.
Setzen Sie gegebenenfalls gut verrotteten Kompost oder Mist ein; auch Mikrobenpräparate wie EM oder Komposstarter können sehr sinnvoll sein. Das Absammeln einzelner Blätter ist zu Beginn einer leichten Infektion im Juni noch sinnvoll. Kranke Blätter mit Feuer zu vernichten oder in der Mülltonne unschädlich zu machen, gleicht dem Versuch, Schnupfenviren zu eliminieren. Pflanzenstärkende Mittel wie Schachtelhalm- oder Algenextrakte etc. sollte man unbedingt schon im April, spätestens Anfang Mai ausbringen, sobald die ersten neuen Austriebe da sind.
Eine besondere Anfälligkeit zeigen frische Austriebe, die Spätfrösten ausgesetzt waren. Hier kann der Pilz leicht aus dem Überwinterungsplatz unter der Knospenschuppe auf den geschwächten neuen Austrieb überspringen. Verhindern können dies Austriebsspritzungen.
Eine gute Methode ist auch, nicht zu früh zu schneiden. Wenn Sie wirklich bis zur Forsythienblüte warten, dann haben die Rosen oft an den Triebenden schon leicht ausgeschlagen und sind eventuell schon spätfrostgeschädigt. Jetzt wird dieser geschädigte Austrieb mit entfernt.

Bekämpfung

Eine Bekämpfung ist kaum möglich, da der Pilz, wenn die typischen schwarzen Flecken erscheinen, bereits tief ins Blatt eingedrungen ist. Zufriedenstellende Wirkung erreicht man noch mit Mitteln wie Neudo-Vital® Rosen-Pilzschutz oder einer Spritzung mit Vulkasan-Steinmehl, allerdings nur bei Blättern, die noch keine Flecken zeigen. Daher sollte man unbedingt schon im April/Mai mit der Behandlung beginnen!

typisch für Sternrusstau sind die sternförmigen schwarzen Flecken, die sich auch über die Blattadern hinaus verbreiten.

Dieses Befallsmaß ist noch erträglich: 'The Fairy' wächst oben weiter.

Hier ist das Endstadium im Herbst erreicht.

Valsakrankheit

Cytospora spec.

Dieser Pilz dringt durch Verletzungen in die Pflanze ein und verstopft die Leitungsbahnen. Es kommt zu gummiartigem Ausfluss an den Trieben. Schließlich sterben ganze Äste mitten im Wachstum ab; sie sehen wie verbrannt aus. Meist werden Kernobstbäume befallen. Die einzige dafür sehr empfängliche Rose ist *Rosa hugonis.*

Durch Valsakrankheit abgestorbene Triebe an Rosa hugonis.

Ursache

Hauptkriterium für einen Befall ist die Sortenempfindlichkeit. Eine Infektion ist bei jeder Witterung möglich, wird aber durch Wunden und Feuchtigkeit erleichtert.

Vorbeugung

Zur Vorbeugung sollte man Überdüngung vermeiden, Wunden evtl. mit Gesteinsmehl bepudern und in Infektionsgebieten keine *Rosa hugonis* pflanzen.

Bekämpfung

Da der Pilz ganz in den Leitungsbahnen „operiert“, gibt es keine Bekämpfungsmöglichkeit. Einzig die Triebe herauszuschneiden und zu beseitigen, gegebenenfalls zu verbrennen, schafft Abhilfe.

Rotpustelkrankheit

Nectria cinnabarina

Dieser Pilz ist bei Rosen ein Wundparasit. Grundsätzlich infiziert er nur über Wunden und ist besonders an ruhenden Pflanzenteilen aggressiv. Verbreiten kann er sich durch infizierte Pflanzenteile, Gießwasser, Werkzeuge und über den Boden, wo infektiöse Sporen fast ein Jahr überleben können. Der Pilz, der auch als Schwarzfleckigkeit an der Karotte auftritt, kann bei Rosenveredlungen zu verheerenden Ausfällen führen, wobei noch unklar ist, ob es sich um einen anderen Stamm des Pilzes handelt. Deutlich zu erkennen ist die Infektion daran, dass die Wunde selbst nicht mehr zuheilt, was Sie normalerweise auch bei abgestoßenem Edelauge macht.

Ursachen
Verschleppte Infektionen sowie unsachgemäß und zu lange gelagerte Unterlagen werden als Ursachen angegeben – vor allem aber feuchtwarmes Infektionswetter!!

Vorbeugung
Als Vorbeuge wird die Beseitigung befallener Pflanzenteile, eine ordnungsgemäße Kulturführung und ein intensiver Fruchtwechsel empfohlen.

Bekämpfung
Eine Bekämpfung ist nicht möglich, da die Infektion rasend schnell fortschreitet.

Nectria cinnabarina *ist bei Rosen ein Wundparasit.*

Rindenbrand

Coniothyrium wernsdorffiae, C. fuckelii

Abgestorbene Astpartie einer Hochstammrose, der Pilz ist bereits in den Hauptstamm eingewandert, die Krone ist zu Absterben verurteilt.

Der Rindenbrand, auch bekannt als Rosentriebsterben, ist eine Pilzerkrankung, die vor allem bei niedrigen Temperaturen (auch im Winter) ganze Astpartien zum Absterben bringt. Der Pilz dringt durch Schnittstellen, Verletzungen oder auch durch Knospen (Augen) in die Pflanze ein und zerstört die Leitungsbahnen.

Ursachen
Zu starke Düngung, im allgemeinen nur bei zu mastigem Wuchs und gleichzeitigen schwülwarmem Wetter. Ähnlich wie die Rutenkrankheit der Himbeere auch leicht sortenbedingt. Ältere Sträucher verlieren meist nur einige Äste. Junge Veredlungen können gänzlich absterben.

Vorbeugung
Im Frühjahr schneiden, auch dann nicht zu früh, Überdüngung vermeiden, denn weiche Pflanzen sind anfälliger. Sorgen Sie für eine gute Belebung mit positiven Mikroorganismen (EM) oder durch Kompostwirtschaft.

Bekämpfung
Nicht möglich, ist der Pilz erst einmal in der Pflanze, kann er praktisch nicht mehr bekämpft werden. Befallene Pflanzenteile entsorgen, möglichst sogar verbrennen.

VIROSEN, BAKTERIOSEN UND ANDERES

Rosenmüdigkeit

„Rosenmüdigkeit" äußert sich meist durch extremen Kümmerwuchs und verkrüppelte Pflanzen. Sie ist ein sehr komplexes Problem. Es handelt sich um die so genannten Nachbauprobleme, die bei allen Pflanzen auftreten können, wenn sie zu lange oder zu häufig hintereinander auf der gleichen Fläche angebaut werden. Dies kann bei allen Pflanzen vorkommen, ist jedoch neben Kohlgewächsen am häufigsten bei Rosen zu beobachten. Für Gärtner ist dies oft ein großes Problem, da Baumschulen häufig mehr als 50 Prozent Rosengewächse – fast alle Obstgehölze gehören zur botanischen Familie *Rosaceae* – kultivieren. Im Hausgarten tritt das Problem meist zutage, wenn alte Rosenbeete neu bepflanzt werden sollen. Lange glaubte man, in den Nematoden den Verursacher dieser Probleme gefunden zu haben, zumal man die Probleme mit einer Bodendesinfektion beseitigen kann. Nematoden sind jedoch nur eine von vielen möglichen Ursachen. Eine andere sind zum Beispiel die Wurzelausscheidungen und die Wurzelzersetzungsprodukte von im Boden verbliebenen Wurzelresten nach einer Rodung.
Letztendlich musste man sich aber eingestehen, dass das Problem sehr viel komplexer ist und meist mehrerer Ursachen zusammenkommen. Sicher ist, dass es sich in letzter Konsequenz der Vorgänge um eine ungünstige Verschiebung der Bodenlebewesen handelt. Auf einem zu lange und einseitig bebauten Boden scheiden die Wurzeln zu viele toxische Stoffe wie Chinolin, Vanillin, Cumarin oder Asparagin aus und die zu ihrem Abbau notwendigen Bakteriengruppen sind

nicht mehr in ausreichender Zahl vorhanden. Krankheitserregende Bodenorganismen gewinnen die Oberhand und das biologische Gleichgewicht ist gestört. Auch einseitige Nährstoffausnutzung spielt eine Rolle.

Ursachen

Zu langes Stehen von Rosen in Monokultur und zu häufiger Anbau von Rosengewächsen in Folge gelten als die Hauptursachen.

Mischkultur beugt der Rosenmüdigkeit vor, hier eine Kleeuntersaat in Rosenwildlingen.

Vorbeugung

Folgende Vorbeugemaßnahmen sind hilfreich:

- regelmäßiger Flächenwechsel bei Feldkultur
- Standortswechsel im Garten, wenn neue Rosen gepflanzt werden, zum Bespiel der Flächentausch mit einem Sommerblumenbeet
- Anbau von Unterpflanzungen und Mischkulturen
- bei Neubepflanzung eine Zwischenkultur Tagetes oder einer anderen Einjahrigen einschieben
- Förderung der Bodenbiologie durch organische Düngung, Komposte und Mikrobenpräparate wie EM.

Bekämpfung

Zur Bekämpfung kann der Boden durch ein zwei Spatenstiche tiefes komplettes Ausheben ausgetauscht werden. Eine weitere Bekämpfungsmöglichkeit ist das Sterilisieren der Erde, wie es unter Nematoden beschrieben ist.

Viruserkrankungen

Viruserkrankungen können in verschiedensten Formen auftreten. Am verbreitesten sind gelbe, mosaikartige Flecken auf einigen Blättern. Viruserkrankungen werden oft auch von Insekten wie Läusen beim Saugen übertragen. Daher sind häufig nur wenige Teile befallen. Viele Virosen sind aber schon so zum Bestandteil einer Pflanze geworden, dass sie nicht mehr als solche erkannt werden, wie zu Beispiel Korkenzieherwuchs oder die gekräuselten Blüten der Papageientulpen. Virosen können oft latent oder nur kleinräumig in der Pflanze vorhanden sein, ohne groß zu stören. Sie können aber auch ohne besonderen erkennbaren Anlass explosionsartig um sich greifen. Übertragen werden sie nur bei direktem Kontakt, eben über saugende Insekten, seltener auch durch Wurzelkontakte und bei Schnittarbeiten.

Ursachen
Sortenempfindlichkeiten spielen eine große Rolle. Die Übertragung erfolgt häufig durch Insekten.

Vorbeugung
Speziell wenn in der Umgebung schon viruserkrankte Pflanzen beobachtet werden, sollte man auf Läusefreiheit achten. Bei Schnittarbeiten an befallenen Pflanzen müssen die Werkzeuge anschließend desinfiziert werden. Wichtig ist zudem, gesunde Pflanzen zu kaufen.

Bekämpfung
Es gibt keinerlei wirksame Pflanzenschutzmittel. Man sollte daher befallene Pflanzenteile abschneiden und beseitigen, eventuell sogar zum Restmüll geben.

Hier hat der Rosenmosaikvirus eine 'City of York' befallen.

Zweigkrebs

Agrobacterium tumifaciens

Diese Bakteriose tritt gerne in überalterten oder sehr dichten Astpartien auf. Die Krebswucherungen entspringen – im Gegensatz zu den krebsartigen Wucherungen als Nachwirkung von Winterfrösten, die aus aufgeplatzem Holz hervorquellen – meist an den Augen der Triebe. Meist verläuft die Bakteriose harmlos. Kommen allerdings noch weitere schwächende Umstände für die Pflanze hinzu, kann sie sich auch ausbreiten.

Ursachen
Infektionen werden bei hoher Feuchtigkeit übertragen. Zu dichter Astwuchs und lange Feuchteperioden begünstigen die Infektionen.

Vorbeugung
Alljährliches Auslichten der Pflanzen und Stäuben von austrocknenden Gesteinsmehlen nach den Schnittarbeiten sind bewährte Vorbeugemaßnahmen.

Bekämpfung
Eine Bekämpfung durch Behandlungsmittel ist bei Bakterien nicht möglich. Bei starkem Befall sollte man die befallenen Triebe herausschneiden und vernichten.

Die Auswüchse an dieser Rosa arvensis *stammen vom Zweigkrebsbefall.*

CHEMISCHE SUBSTANZEN

Düngerschäden

Schäden durch synthetische Düngemittel äußern sich meist durch Verbrennungen. Fast alle Bestandteile eines synthetischen Düngers sind Salze. Neben den Nährsalzen, die oft nur einen geringen Anteil, im Höchstfall 30 bis 40 Prozent, eines Düngers ausmachen, sind dies viele schädliche Chlorsalze und andere Abfallstoffe, die die Böden extrem belasten. Diese belasten nicht nur das Grundwasser, sondern schädigen die Bodenorganismen in hohem Maße. Die Pflanzen selbst tragen erst dann Schäden davon, wenn die Salzkonzentration im Boden extrem hoch wird. Abhängig ist der Schaden auch vom Regen, denn das Regenwasser verdünnt die Salze und befördert sie schneller ins Grundwasser. Dann schaden sie der Pflanze natürlich weniger. Nur dadurch ist es auch möglich, dass Tausalze im Winter nicht alles verbrennen. Im Gegenteil, im Sommer wachsen die inzwischen salzresistenten Gräser am Straßenrand durch die Kalisalze besonders üppig. Bei Bodenanalysen ist mittlerweile neben den Bestimmungen der Nährsalze der Gesamtsalzgehalt ein wichtiges Kriterium ge-

1) Typischer Verbrennungsschaden: Ursache sind entweder zu viel Salz oder zu wenig Wasser. 2) Diese Blattschäden bildeten sich nach der Anwendung eines unbekannten Billigdüngers aus dem Supermarkt.

worden, da es oft zu Salzverbrennungen kommt. Rein organische Düngung ist in der Regel nicht gefährlich, da sie die Nährstoffe meist nicht in Salzform, sondern organisch gebunden enthält. Ein Übermaß an organischem Dünger, zum Beispiel Hühnermist mit bis zu 15 Prozent Stickstoffsalzen, kann jedoch ebenfalls zu Salzschäden führen. Synthetische Dünger sind aber in dieser Beziehung ungleich gefährlicher. Oft wird im Hausgarten gekaufter Kompost eingesetzt. Beachten Sie dann, diesen auch als Dünger zu behandeln und entsprechend sparsam einzusetzen. Gegebenenfalls sollten Sie eine Analyse anfordern!

Schäden durch Pflanzenschutzmittel

Das Ausmaß von Schäden durch chemische Pflanzenschutzmittel ist sehr hoch. Die schlimmsten Schäden im Boden verursachen die Unkrautvernichtungsmittel. Die meisten Schäden, die durch chemischen Pflanzenschutz hervorgerufen werden, sind verdeckt.

Zum einen greifen diese Substanzen ganz massiv in die mikrobiologischen Vorgänge im Boden ein und schädigen dort die Mikroflora und zum anderen gelangen viele Mittel auf langen Wegen über Wasser und Luft weit über alle Welt, so dass mittlerweile selbst die Tiere der Arktis mit chemischen Substanzen belastet sind. Das Gesamtausmaß dieser Schäden ist erschreckend und wird dennoch kaum wahrgenommen, weil wir seltenst direkt davon betroffen sind. Die fehlenden Nährstoffe, die das Bodenleben nicht mehr bereitstellt, werden synthetisch zugeführt und die durch die Ungleichgewichte auftretenden Schädlinge dämmt man mit neuen chemischen Mitteln ein. Äußerlich scheint unsere Landwirtschaft ertragreich zu arbeiten.

Die Schäden an der Umwelt werden jedoch (wenn überhaupt) von der Allgemeinheit getragen. Meiner persönlichen Ansicht nach müsste jeder Hersteller von künstlichen chemischen Substanzen direkt für alle Folgen seines Produktes haftbar sein. Allein durch eine solche logische Verursacherklausel würden viele gepriesene Mittel unrentabel und ökologische Methoden billig werden.

1) Typischer Herbizidschaden: Die Pflanze wächst, kann aber keine Blattmasse mehr bilden. Die Rosen im Hintergrund zeigen normales Wachstum. 2) Der Feldrand rechts ist dank Chemie unkrautfrei, aber die ersten 10 m Feldkultur (Flieder) sind stark geschädigt. Das Feld links ist unbehandelt. (Der schwarze Fleck ist eine Brandstelle vom Ästeverbrennen.)

Ein typischer Vorfall:

Im Jahr 2005 ereignete sich bei uns ein Fall, der typisch für derartige Vorgänge ist: Vorab sei eingestanden, dass Rosen sehr empfindlich auf chemische Herbizide reagieren. Im August bemerkten wir verkrüppelte Triebspitzen auf unserem Rosenfeld. Nachdem wir zwei Wochen lang vergeblich auf Nematodenbefall und andere Erreger untersuchten, blieb nur noch der Verdacht auf einen Herbizidschaden. Obwohl das Nachbarfeld bereits lange abgeerntet war, fragte ich den Landwirt, der dann gleich zugab, vor drei Wochen die Stoppeln vorsorglich mit Glyphosat (Roundup®) gegen Wurzelunkräuter behandelt zu haben. Dabei wehte offenbar ein leichter Wind einen Hauch des Mittels über unsere Rosen. Wir ließen daraufhin Erde und Rosen auf den Wirkstoff untersuchen und meldeten den Vorfall der Versicherung des Landwirts und unserer Biokontrollstelle. Die Untersuchung ergab keinerlei nachweisbare Rückstände mehr. Die Fachleute versicherten uns, dass im Folgejahr keine Schäden mehr auftreten würden. Wir erhielten eine Entschädigung dafür, dass wir diese Rosen nicht als Biopflanzen verkaufen durften und glaubten die Sache damit erledigt. Manch einer erklärte uns für pingelig, da unsere Rosen ja keine Lebensmittel seien und ohnehin nichts mehr nachweisbar sei. Wir pflanzten die Rosen im Winter in Töpfe mit unbelasteter Erde und verkauften auch einige an Kollegen. Beim Austrieb im Frühling 2006 zeigte dann über die Hälfte der Pflanzen das für Glyphosatschäden typische Krüppelwachstum, das Sie unten auf dem Bild auf der Seite 171 sehen. 10 000 Pflanzen starben total ab; einige erholten sich erst 2007 wieder. Als unsere Mitarbeiterin dies sah, sagte sie nur: „Und da ist nichts Nachweisbares mehr drin? Dann möchte ich nicht wissen, was wir alles essen!" Ich bin heute noch allen Beteiligten dankbar ihrer Ehrlichkeit. Ohne den ehrlichen Landwirt hätten wir kaum eine Entschädigung bekommen. Das Interessante an der Sache ist: Die Entschädigung zahlte weder die Versicherung des Chemieherstellers, noch des unachtsamen Landwirtes, sondern die Kfz-Versicherung für den Traktor, an dem die Spritze hing – letztendlich also die Gemeinschaft aller versicherten Autofahrer.

PHYSIOLOGISCHE SCHÄDEN

Physiologische Schäden an Rosen

Über die Schädlinge hinaus kann es auch an Rosen immer wieder zu den verschiedensten Schädigungen aufgrund von meist physikalischen Einwirkungen wie Frost, Hitze und vielem anderem kommen. Oft führen physikalische Einwirkungen wie Fröste direkt zu einem anschließenden Befall mit Pilzen oder anderen Schädlingen, die erst die geschwächte Pflanze befallen können. Hier stellt sich dann wieder die alte Frage, was Ursache und was Krankheit ist. Häufig kommt es aber auch zu direkt sichtbaren Schäden durch äußere Veränderungen.

Allzu oft wird dafür fälschlicherweise ein Parasit verdächtigt. Hier möchte ich daher einige der deutlichsten Schäden vorstellen, um falschen Diagnosen zuvorzukommen.

Ausläuferbildung und Wildtriebe

Sehr wenige Rosen können durch Stecklinge vermehrt werden und sind daher „wurzelecht". Die Mehrzahl wird veredelt und wächst daher auf der Wurzel einer Wildrose. Die Veredlung ist auch heutzutage immer noch die beste Möglichkeit der Vermehrung für alle Rosen, da sie die Edelsorte mit einem klimaangepassten Wildling verbindet. Heutzutage veredelt man meist auf *Rosa laxa*, die kaum mehr Wildtriebe bildet. Dennoch bilden sich immer wieder einige Wildtriebe an Rosen. Sie sind eigentlich eine natürliche Reaktion der Rose, die immer zur Ausläuferbildung neigt. Unvermeidlich sind sie bei Rosenbäumchen, da hier die Rose ihrer natürlichen Wuchsform beraubt wird. Bei Rosensträuchern kann man Wildtriebe vermeiden, indem man einfach, wie empfohlen, die Veredlungsstelle eine knappe Handbreit in die Erde einpflanzt. Ihre natürliche Neigung zur Ausläuferbildung kann die Rose so durch edle Ausläufer ausleben. *Gallica*-Rosen oder *Pimpinellifolia*-Hybriden machen sich so oft gänzlich frei von ihrer Unterlage. Die Veredlung wird dennoch auch bei ihnen vom Gärtner als Vermehrungsform bevorzugt, weil sie die sicherste Methode ist, relativ schnell kräftige Pflanzen zu erhalten. Der Kunde hat so immer die bestmögliche Pflanze zu einem günstigen Preis. Zudem kann die Pflanze später selbst bestimmen, wie sie weiterwächst.

Ursache

Die Ursache liegt ganz einfach darin, dass Rosen veredelt werden und einige Sorten zur Ausläuferbildung neigen.

Vorbeugung

Es hilft, die Veredlungsstelle 5 bis 8 cm tief einzupflanzen.

Bekämpfung

Auftretende Wildtriebe möglichst nicht abschnitten werden, da sonst – wie beim Spargel – immer ein unterirdischer Sprossteil verbleibt, der wieder neu austreibt. Reißen Sie Wildtriebe nach Möglichkeit heraus, graben Sie eventuell sogar nach und entfernen Sie sie an der Ansatzstelle an der Wurzel. Abgerissene Triebe treiben schlechter wieder nach als abgeschnittene.

1) Das Bild zeigt edle Wurzelausläufer der Sorte 'Blush Damask'; im Hintergrund sieht man den ursprünglichen Stock. 2) Bereits an der jungen Veredlung setzt die Selbstbewurzelung an. 3) Freigelegter Wildtrieb der Unterschied zum Edelholz ist deutlich erkennbar. 4) Hier wurde ein Wildtrieb freigelegt.

Frostschäden

1) Von späten Frösten im April geschädigter Rosentrieb: Deutlich zu sehen sind die Frostschäden an den Neuaustrieben und am weichen Gewebe um den beginnenden Austrieb herum. 2) Diese stark frostgeschädigte Strauchrose beginnt im April mit dem Neuaustrieb. 3) Hier wurden die jungen Austriebe im Mai durch Spätfrost geschädigt. 4) Verkrüppelungen und Blasenbildung nach Spätfrösten zeigen sich an einzelnen Blattpartien, die nicht mehr weiterwachsen. 5) Gelbliche Blattverfärbung nach einem Kälteschock während der Hauptwachstumsphase im Mai: Hier kam es nicht zu Frost, aber die extrem tiefen Temperaturen von 1 bis 8 °C über etliche Tage während der Hautwachstumsphase waren Ursache für diese Wachstumsstörung, die man leicht auch als Mangelerscheinung fehldeuten könnte. 6) Dies ist kein Krebs, sondern eine durch Assimilatstau verursachte Wucherung. Der obere Pflanzenteil versucht, Nährstoffe zu den Wurzeln zu transportieren. Die Leitungsbahnen sind aber durch Frost zerstört, während die Leitungsbahnen von der Wurzel nach oben noch funktionieren. Solche Triebe sterben oft erst im Sommer ab, und statt des Frostes wird fälschlicherweise Krebs als Ursache diagnostiziert.

Frostschädigungen haben vielerlei Gesichter. Theoretisch könnte man jeder Sorte einen Temperaturbereich zuteilen, ab dem sie Probleme mit Frösten bekommt. In der Praxis spielen dabei neben der Sortenempfindlichkeit auch Faktoren wie die Frostdauer, die Schneedecke und vor allem der Wind und die Luftfeuchtigkeit eine große Rolle. Einige Grundregeln gibt es aber dennoch:

- Vor Weihnachten erfriert nichts! Wenn sich die Pflanzen allein aufgrund der Witterung auf die Winterpause eingestellt haben und alle Aktivitäten heruntergefahren sind, ist die Phase der höchsten Winterhärte erreicht.
- Mit zunehmender Sonneneinstrahlung und beginnendem Aufsteigen der Pflanzensäfte steigt die Erfrierungsgefahr.
- Öfterblühende Rosen erfrieren leichter als einmalblühende (Ausnahme: *Rosa rugosa*).
- Gelb blühende Rosen sind oft frostempfindlicher als solche mit anderen Blütenfarben. Die härtesten Sorten blühen oft rosa.
- Trockene Luft und Wind bei Frost fördern das Erfrieren (Frosttrocknis!).
- Maßgeblich ist auch der Zustand der Pflanze. Gut ausgereifte Pflanzen sind

stets frosthärter als maximal gedüngte Hochleistungsrosen.

• Im Gegensatz zur landläufigen Meinung sind jüngere Pflanzen immer frosthärter als ältere. Neu Gepflanztes erfriert praktisch nie.

Schwierig ist auch oft das Zuordnen der Schäden zur Ursache Frost. Viele Rosen sehen im Frühling nicht nur unbeschadet aus. Sie treiben auch scheinbar unbekümmert. Erst im Mai zeigen sich dann zaghafter Wuchs und Gelbfärbungen der Blätter, die oft fälschlich als Eisenmangel gedeutet werden. Später dann, oft erst nach der Blüte, sterben dann ganze Astpartien ab. Dies wird häufig einer Pilzinfektion der Leitungsbahnen zugeordnet. Was ist wirklich passiert? Hier hatte der Frost das Phloem (die äußeren Leitungsbahnen, welche die Assimilate von den Blättern nach unten transportieren) und das Kambium (das Bildungsgewebe, das neue Zellen und damit Jahresringe bildet) zerstört. Das Xylem, das die Säfte von der Wurzel nach oben transportiert, funktionierte noch etwas länger.

Deutlich wird dies oft auch an krebsähnlichen Geschwülsten, die sich durch den Assimilatstau ergeben. Erst wenn die Pflanze merkt, dass sozusagen von oben die Rücklieferung fehlt, lässt sie die alten Triebe absterben. Im glücklicheren Fall bilden sich dann aber aus der Pflanzenbasis neue, dunkelgrüne Triebe, und die Pflanze regeneriert wieder.

Hitzeschäden

Rosen sind Sonnenkinder. Dennoch kann selbst ihnen die Hitze zu stark zusetzen. Meist sind Rosen gut in der Lage, Hitzeperioden zu überstehen. In südlichen Ländern machen sie oft eine Art Sommerpause, die dort häufig genau so ausgeprägt ist wie bei uns die Winterruhe. Erst nach der ersten längeren kühlen Feuchteperiode im Spätsommer beginnen sie mit dem nächsten Wachstumsschub. Bei uns erkennt man eine solche Pause meist dann, dass die Blätter im inneren Strauchbereich gelb werden und die Rose diese abwirft: Selbstschutz zum Wassersparen.

1

2

3

1) Verbrannte Blütenblätter durch Hitze: Trotz ausreichendem Wasservorrat konnte die Rose bei extremer Hitze die Blütenblätter nicht mehr versorgen. 2) Die Blattrandnekrose wurde durch extremen Wassermangel bei Hitze hervorgerufen. 3) Vornehmlich Rosen, die vorher im Glashaus waren, also abrupt der hohen UV-Strahlung ausgesetzt wurden, zeigen diesen typischen Sonnenbrand.

Schäden durch Nährstoffmangel und Nährstoffüberschuss

Wenn Nährstoffmangel bereits durch Symptome der Pflanzen zu erkennen ist, ist er meist schon weit vorangeschritten. Eine Bodenanalyse wenigsten alle fünf bis sechs Jahre beugt den schlimmsten Fehlern vor, gerade wenn regelmäßig gedüngt wird, denn allzu oft gibt es auch Überdüngungen, die sich zunächst oft nur in stärkerer Krankheitsanfälligkeit und schwacher Neutriebbildung zeigen. Auch hierbei ist es wichtig, immer einen Blick auf das ganze Geschehen zu haben, denn eine Eisendüngung ist auch bei Eisenmangel nicht immer die richtige Lösung. Eisen ist nämlich im Boden bei zu hohem Kalkgehalt für die Pflanze nicht mehr verfügbar, und auch eine Eisendüngung hilft dann oft nicht! Die Bilder zeigen beispielhaft einige Symptome.

1) Bei einer typischen Eisenmangelchlorose, hier verursacht an Topfrosen durch zu kalkhaltiges Gießwasser, bleiben die Blattadern dunkel. Verringerter Kalkeinsatz im Topfsubstrat und vermehrter Einsatz von Regenwasser brachten Abhilfe. 2) Stickstoffmangel zeigt sich durch gleichmäßig aufhellende Blätter. Hier wurde er durch zu kaltes Wetter mitverursacht, weil die Kälte die Nährstofffreisetzung durch Mikroorganismen im Boden bremste. 3) Bei Blattrandverbrennungen durch Überdüngung spielt das Wissen um die Umstände bei der Diagnose eine große Rolle, denn zu viel Dünger oder zu wenig Wasser bedeuten das Gleiche: zu hohe Salzkonzentration. Nährstoffüberschluss verursacht oft die gleichen Symptome wie schlichter Wassermangel.

Rosenkönig

Eine Rosenblüte, die aus der Mitte heraus wiederum einen neuen Trieb hervorbringt, nennt man Rosenkönig. Dieses Phänomen faszinierte bereits Goethe! Begründet ist es wohl in der Tatsache, dass Zellen aus der Blüte sich ihrer „Erbmasse" erinnern und wieder einen kompletten Trieb bilden, ähnlich wie bei Zellkulturen im Reagenzglas. Warum dies auftritt und wodurch es gefördert wird, ist noch unklar. Einige Rosen neigen stärker dazu und wurdenin früheren Zeiten als „prolifera“ bezeichnet.

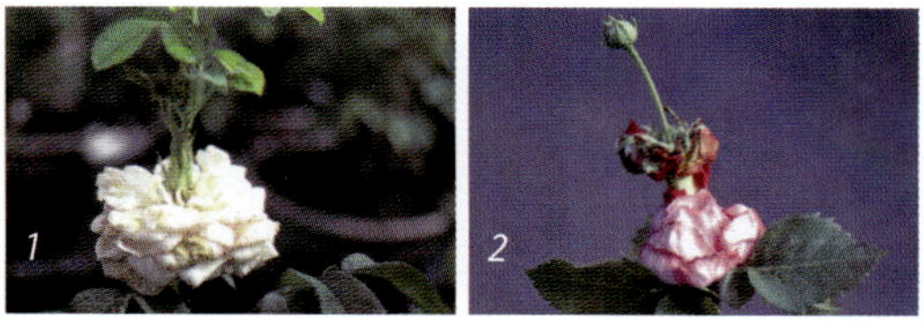

1) Dieser Rosenkönig wurde von einer 'Jenny Duval' ausgebildet. 2) Die Züchtung 'Duc de Cambridge' neigt stärker zu diesem Phänomen.

Verbänderungen

So genannte Verbänderungen oder Cristatformen sind breite aus mehreren Ästen zusammengewachsene Pflanzenteile. Sie können an allen Pflanzen auftreten. Selten ist diese Wuchsform vererblich, wie bei der Drachenweide, *Salix* 'Setsuka'. In diesem Fall ist die Wuchsform häufig durch eine Virusinfektion verursacht. Oft ist dies der Fall, wenn Pflanzen besonders stark wachsen, etwa nach einem starken Rückschnitt.

1) Drei Blüten sind hier zu einem Kopf verbändert.
2) Dieses Foto zeigt einen verbänderten Ast an der Ramblerrose 'Brenda Colvin'.

Ursache
Bei Rosen treten Verbänderungen meist nur spontan einmalig auf und verbreiten sich nicht.

Vorbeugung
Vorbeugemaßnahmen sind nicht nötig.

Behandlung
Eine Behandlung ist nicht nötig oder möglich. Erfreuen Sie sich einfach an dieser Laune der Natur.

Mutationen oder Sports

zufällige Mutationen treten in der Natur immer wieder auf. Im Gegensatz zum verändern des Erbgutes durch Generationenfolge tritt hier eine spontane Veränderung des Ergutes an einem Teil der Pflanze auf. Am häufigsten zu finden (weil am auffälligsten) sind Farbmutationen.

Wenn der aufmerksame Gärtner, der eine solche Farbmutation entdeckt, von diesem veränderten Teil der Pflanze weiter Vermehrungsmaterial nimmt, so kann dadurch eine neue Sorte entstehen. Oft neigen diese Sorten dann auch wieder zu zurückfallen in die Muttersorte, was zu häufigen Sprüngen führt. Sehr häufig ist ein Weissmutation rosafarbener Sorten, seit alters bekannt von 'York and Lancaster', einer Weissmutation von *Rosa damascena Trigintipetala*, die immer wieder in die Ursprungssorte zurückfällt und so zum Symbol der Einigung des Streites dieser zwei Englischen Fürstenhäuser wurde. Vorher trugen Sie je eine rote und eine weisse Rose im Wappen, nach der Beilegung des Streites unter einem Rosenbusch soll dieser in zwei Farben erblüht sein.

Das gleich Spiel erscheint immer wieder bei *Rosa muscosa alba*, und bei 'Winchester Cathedral', die in die Ursprungssorte 'Mary Rose' mutiert.

Manche Sports sind sehr selten und treten nur ein einziges mal auf, wohl dem aufmerksamen Gärtner, der dies erkennt und nutzt. So geschehen bei uns mit einem rosa Sport von 'Rose de Resht', die wir nun als 'Rose de Alhambra' führen.

Zufallsmutation: aus der roten 'Rose de Resht' entspringt die rosa 'Rose de Alhambra'. Dies war der Originalsport auf unserem Rosenfeld.

'York and Lancaster' das Chamaeleon unter den Rosen.

Nützlinge

Die Einteilung unserer Mitbewohner auf diesem Planeten in nützliche und schädliche ist logischerweise rein menschlich. Gerade deshalb macht es mir besondere Freude, Ihnen auch einige Nützlinge vorstellen zu dürfen. Wenn man die Kategorien näher betrachtet, so entdeckt man natürlich viele Überschneidungen und zwielichtige Gestalten. Allgemein ist aber eines auffällig: die Schädlinge versucht man bis ins Detail zu ergründen, die nützlichen Tiere und Organismen ignoriert man nahezu, sie sind halt einfach da. Hier also wenigstens ein kurzer Blick auf die wenigen, die uns aufgefallen sind. Vornehmlich will ich hier Ihren Blick auf die kleineren Insekten lenken, bei deren Anblick ich mich auch oft unwillkürlich frage: Freund oder Feind? Ebenso will ich kurz auf den ein oder anderen Mikroorganismus verweisen, der uns wohl nützlich für unsere Rosen erscheint. Nichtdestotrotz fangen wir ungeachtet zoologischer oder botanischer Klassifizierungen einfach mal bei den größeren an.

Das Pferd

Wenn es auch doch ab und zu gerne Rosen frisst, wenn es denn darf, so ist es doch ohne Zweifel das bedeutendste Nutztier des Menschen überhaupt. Ohne das Pferd und seine erstaunliche Bereitschaft zur Kooperation wäre die Menschheit heute wohl nicht das, was sie ist. Auch wir erledigen unsere Feldarbeit längst mit dem Traktor. Erst als wir als Hobby auf das Pony kamen, wurde die Idee geboren, doch wenigstens das eine oder andere wieder zum eigenen Vergnügen und zur Bodenschonung mit dem Pferd zu machen. Leider fehlt uns all zu oft die Zeit dazu. Dennoch gibt es einen weiteren prima Aspekt: Pferdemist ist der beste natürliche Rosendünger.

Manuel Ruf und Isländer Hrannar beim Vorbereiten des Ackers zum Rosenpflanzen.

Allerlei Raubzeug

Jeder weiß, dass Raubtiere notwendig sind um das natürliche Gleichgewicht zu erhalten. Bussarde und Falken, Füchse und Wiesel, alle halten Mäuse und anderes Geziefer in Schach. Im Garten selbst aber sind auch viele (relativ große) Räuber unterwegs, die auch unseren Rosen viel Ungemach ersparen. Am bekanntesten natürlich der Igel, meiner Ansicht nach am wichtigsten: Die Spitzmaus, denn auf Ihrem Speiseplan stehen oft die „übelsten" und „hinterhältigsten" Käfer, wie z. B. der Dickmaulrüßler, denen wir Menschen sonst hilflos gegenüber stünden. Wie viele Spitzmäuse unerkannt unterwegs sind, merke ich oft erst an denen, die ärgerlicherweise in die von mir für die schädlichen Nager aufgestellten Fallen

Alle Arten in der Falle: von links nach rechts: die langschwänzige Springmaus, Feldmaus, Hausmaus und die nützliche Spitzmaus.

tappen. Obwohl ich nur Schokolade oder Nussmuse als Köder verwende, tappen auch immer wieder die Fleisch fressenden Spitzmäuse hinein.

Kröten

Nectria cinnabarina

Unter den Amphibien sind die Kröten meist die Gartenfreaks. Sie lieben angelegte Gärten, in denen sie Unterschlüpfe finden. Oft sitzen sie tagsüber in einer selbstgebuddelten, feuchten Erdhöhle und gehen nachts auf Insektenjagd. Uns besuchte einen Sommer einmal eine alte, dicke Kröte jeden Abend bei Dämmerung auf der Terrasse, um im Springbrunnen zu baden. In Ihrem viele Jahre langen Leben vertilgen sie massenweise Geziefer, wobei der eine oder andere nützliche Käfer nicht ins Gewicht fällt. Im Frühling begeben sich die drei und mehr Jahre alten Kröten meist auf eine gefährliche Wanderung zu ihrem Geburtsort, um sich zu paaren. Viele kehren von dieser Reise nicht mehr zurück in unsere Gärten, oft merkt man es erst im kommenden Sommer an der Ungezieferplage.

Förderung

Für feuchte Rückzugsecken und auch Tümpel sorgen. In der Wanderzeit im Straßenverkehr Rücksicht nehmen. Einmal Schritt fahren oder auch zweimal aussteigen, um eine Kröte zu retten, kostet meist nur 5 Minuten.

Wechselkröte Bufo viridis *in unserem Hof.*

Nützliche Vögel

Kleiner Gartenrotschwanz zwischen unseren Topfrosen.

Wo die Bodenräuber nicht hinkommen räubert im Biogarten die „Luftwaffe“: Meisen, Rotkehlchen und Zaunkönige sind die häufigsten und bekanntesten Arten, Steinschmätzer, Braunkehlchen und Finken (während der Brutzeit) kommen dazu. Ein Meisenpärchen und sein Nachwuchs fressen ca. 50.000 Läuse in einem Sommer! Speziell der Gartenrotschwanz ist ein regelrechter Kulturfolger im wahrsten Sinne des Wortes. In der Winterzeit folgt er uns auf Schritt und tritt, ob wir nicht wieder mal ein paar Töpfe verrücken, damit er an die Würmer und Käfer kommt.

Förderung

Auch wenn Sie ohnehin viel dichtes Gesträuch haben, Nistkästen schaden nie! Dabei beachten: die effektivsten Insektenjäger sind meist die Höhlenbrüter! Winterfütterung ist bei den letzten milden Wintern sogar oft kontraproduktiv.

Nützliche Insekten

... gibt es glücklicherweise anscheinend doch genauso viele wie schädliche, hier ein paar wichtige Vertreter:

Marienkäfer Coccinella u. a.

Mit Ausnahme des kleinen, schwarz-gelben Schachbrettmarienkäfers, auf dessen Speiseplan nur Mehltaupilze stehen, ernähren sich die Marienkäfer nur von Läusen, sowohl als Larve (hier ist natürlich der Hunger am größten!) als auch das erwachsene Tier. Es gibt sehr viele Arten, am häufigsten Zwei- und Siebenpunkt; seit 2005 verbreiten sich stattdessen aber immer mehr die ursprünglich aus Asien stammende, meist vielpunktige Art *Harmonia axyrides*. Aus gutem Grunde also finden alle Menschen die kleinen Glücksbringer nur sympathisch (außer sie spritzen einem auf der Hand mit ihrem Abwehrsekret voll...).

Förderung

Neben ausreichend Läusen, die sich ja meist von selbst einstellen brauchen Marienkäfer trockene Laubhaufen, Holzstapel, Kartonstapel oder ähnliche Plätze zum Überwintern, denn weder Larven noch Eier, nur die ausgewachsenen Tiere überwintern

1) Farbvariante von Harmonia. Alle drei Stadien auf einem Rosenblatt: Larve, Puppe und Käfer 2) Der Einwanderer: Harmonia axyrides

Schwebfliegen

1) Schwebfliegenlarve beim Läusefressen

2) Schwebfliegenpuppe

Die harmlosen „Hubschrauberflieger“, die nur optisch so tun als wären sie gefährliche Wespen sind überall bekannt. Ihre Larven erkennen nur wenige Menschen. Dabei sind Ihnen viele schon begegnet, wenn Sie sich gewundert haben, warum trotz der Trockenheit am Salat kleine, durchsichtige Schnecken sind. Seltsam nur, dass der Salat weder angefressen, noch eine Schleimspur da ist... Bei den Schwebfliegen ernährt sich nur die Larve von Läusen, die erwachsene Fliege benötigt Blütenpollen.

Förderung

Säen Sie in Ihrem Garten möglichst viele frühblühende Sommerblumen an. Speziell Kreuzblütler wie die wilde Möhre bieten früh im Jahr viel Nahrung.

Raubwanzen

Es gibt viele verschiedene Arten, oft weiß man nicht, ob man nun eine Blatt fressende Wanze oder einen Nützling vor sich hat. Raubwanzen sind ein wichtiger Teil der natürlichen Selbstregulierung, also bitte nichts Unbekanntes töten!

Förderung

Ein ausreichend buntes Pflanzenangebot im Garten. Nützlingshäuser bzw. Wildbienenwände mit Strohhalmen, hohlen Pflanzenstängeln und anderen Verstecken sind oft sehr hilfreich.

Raubwanze auf Läusejagd.

Räuberische Gallmücken z. B. Aphidioletes aphydimiza

1) Doppelangriff
2) eine ganze Kolonie

Die Mücken selbst sind kleine Eintagsfliegen ähnlich aussehende Insekten. Sie legen ihre Eier in den Läusekolonien ab, wo dann die kleinen roten Maden schlüpfen und beginnen die Läuse auszusaugen. Die Räuberische Gallmücke gilt bei Gärtnern als der „Indianer" unter den Nützlingen, da er die Laus von der Seite anfällt. Oft erkennt man die Larven zwischen den rötlichen Läusen kaum.

Förderung

Die Gallmücke braucht lockeren, humosen und feuchten Boden, um Ihre Eier ablegen zu können. Sie kann bei Nützlingsfirmen auch als Puppen in Erde gekauft und ausgesetzt werden. Im Gewächshaus ist dies mittlerweile Standard, im Freien ist es noch zu uneffektiv.

Schlupfwespen

Dies ist wiederum eine Gruppe mit unzähligen Arten, von denen viele wiederum spezialisiert sind, z. B. auf Falterraupen. Alle stechen Ihre Wirtstiere an. Legen Eier hinein und in dem absterbenden Wirtstier entwickelt sich die neue Schlupfwespe. Manche stechen z. B. nur Tiere an, die bereits von anderen Schlupfwespen angestochen wurden (Hyperparasit). Hyperparasitierung bedeutet, dass eine Parasitierung des Nützlings erfolgt.

Also die Schlupfwespe, welche die Weiße Fliege parasitiert, ihrerseits von einem

1) Größere Schlupfwespenart Ichneumonidae, *vermutlich Falterraupenparasit.*
2) Parasitierte Läuse, obere bereits verlassen.

anderen Organismus parasitiert wird. Die Schlupfwespe *Encarsia tricolor*, die hier heimisch ist und die Kohl-Weisse Fliege parasitiert; reguliert ihre eigene Vermehrung durch eine besonder Technik: aus normal parasitierten weißen Fliegen schlüpfen immer Weibchen. Aus denen, die ein zweites Mal angestochen werden (Hyperparasitierung) entstehen Männchen. An den Blattläusen unserer Rosen findet man meist *Aphidius ervii*, manchmal auch *Praon*, dessen angestochene Läuse man an dem typischen Fuß erkennt (wie bei Anisplätzchen).

Förderung

Insektenwände aufstellen, Schlupfwespen kann man auch von Nützlingsfirmen kaufen und gezielt aussetzen.

Florfliege Chrysoperla carnea

Die schöne, Goldäugige hat wohl jeder schon einmal gesehen. Genau so stelle ich mit Elfenflügel vor... Bei Florfliegen überwintern wie beim Marienkäfer die erwachsenen Tiere, sehr gerne benutzen sie dazu unsere Dachböden oder andere trockene Räume. Aus den Eiern, die auf hohe Stile geklebt meist in der Nähe von Blattlauskolonien abgelegt werden, schlüpfen dann die kleinen, gefräßigen „Blattlauslöwen". Wer schon einmal von einem verwirrten Blattlauslöwen gebissen wurde, der weiß warum sie so heißen. Überhaupt sind sie beim Stillen ihres unbändigen Hungers nicht wählerisch, es wird gefressen, was vor die Zangen kommt, gerne auch Artgenossen. Beim Nützlingseinsatz im Gewächshaus werden sie daher auch oft als „Feuerwehr" eingesetzt.

Förderung

Möglichst Winterquartiere anbieten, an Dachböden kleine Öffnungen belassen und die reglosen, gelblichen Wintergäste nicht stören; sie wachen schon wieder rechtzeitig auf!

1) Besuch beim Quartierbuchschreiben: der Blattlauslöwe 2) Die Goldäugige selbst

Ohrenkriecher, Ohrenzwicker Forficula auricularia

Ohrenzwicken macht er aber garantiert nicht freiwillig, dieser Name entspringt offensichtlich einer lebhaften Phantasie. Viel eher tritt er als „Gartenpolizei" auf und beseitigt vielerlei Ungeziefer. Es ist ja allseits bekannt, dass man mit Stroh gefüllte umgedrehte Töpfe oder Hütchen in Obstbäume hängen soll, damit er dort nicht nur auf die wenigen trockenen Rindenschuppen angewiesen ist, in denen er sich verkriecht. Leider ist er auch wenig wählerisch, bei Nahrungsmangel behilft er sich gerne mit weichen Triebteilen und Pflanzensaft. Meist überwiegt aber der Nutzen bei weitem den Schaden.

Der Ohrenkriecher

Förderung

Besagte Ohrenkriecherhäusschen aufhängen.

Laufkäfer fressen gerne Läuse.

Laufkäfer

Was die Ohrenzwicker in den Sträuchern sind, erledigen die Laufkäfer oder Goldkäfer auf dem Boden: Reinigungsdienst und „Ordnungspolizei". Vielerlei Schädlingen machen sie den Garaus, speziell kleineren Käfern und Läusen, denen man als Mensch sonst gar nicht beikäme

Förderung

Einfach ökologisch arbeiten, und ihm auch Rückzugsräume lassen, wenn man einmal ein Stück Garten komplett umgräbt.

Mitte Haarmücke, im Hintergrund Schlupfwespe.

Haarmücken

Was regelmäßig im Frühling wieder als regelrechte Invasion die Landschaft unsicher macht, lies schon manchen Zeitgenossen an apokalyptische Heuschreckenschwärme denken. Diese Schwärme mit den ungelenken, schwarzzottigen Fliegen, die anscheinend beim Fliegen Ihre langen Beine nicht hochheben können, sind aber harmlos. Im Gegenteil, Ihre Larven haben im Vorjahr in der Erde gute Arbeit beim Zersetzen von organischen Rückständen geleistet. Also keine Angst, die Invasion geht meist schnell vorbei.

Förderung

Nicht speziell nötig oder möglich.

Rosenkäfer

Seine Larven erledigen im Boden die gleiche Arbeit wie die der Haarmücken: Abbau organischer Reste. Als besonders gegen Chemie allergischer Genosse ist er ein Indikator für intakte Ökologie und steht unter Naturschutz. An den Blüten frisst er Pollen und Blütenblätter, deshalb habe ich ihn unter den Schädlingen auch schon aufgeführt. Wenn ich Ihn so selbstvergessen in seiner Rosenblüte brummeln sehe, muss ich eingestehen, dass er die Rosen wohl noch mehr liebt als wir, deshalb sei Ihm hier noch ein Ehrenplatz eingeräumt.

Förderung

Chemie unbedingt vermeiden, Komposthaufen mit viel Holz anlegen.

lay down on a bed of roses – Rosenkäfer im Blütenbett

Spinnen sind für ein ökologisches Gleichgewicht unerlässlich.

Spinnen

Spinnentiere gibt es unzählige Arten von der großen Kreuzspinne bis zu den nur Bruchteile von Millimetern großen Raubmilben. Alle miteinander sind eigentlich nur als nützlich zu betrachten, da sie vielerlei Ungeziefer vertilgen. Für ein ökologisches Gleichgewicht sind sie unerlässlich. Speziell in heißen Sommern, wenn auch die Schadinsekten sich wohlfühlen, spielen sie Ihre Hitzeresistenz voll aus. Ohne Spinnen müssten wir wohl mit so mancher Insektenplage rechnen.

Förderung
Für trockene Rückzugsecken im Garten sorgen und Spinnennetze bewundern, nicht zerstören!

Raubmilben (Phytoseiulus persimilis u. a.)

Sind ähnlich wie die echten Spinnen wichtige Raubinsekten. Speziell die Spinnmilben werden durch sie gut in Schach gehalten. Sie sind oft nicht viel größer als die Spinnmilben, aber wesentlich flinker und aktiver. Im Gegensatz zu den echten Spinnen machen sie keine Netze, sondern jagen ihre Beute direkt. Sie brauchen auch andere Klimaoptima. Nur in Verbindung mit hoher Luftfeuchte über 65 Prozent können diese Nützlinge gut überleben. Ab Temperaturen unter 32°C ist die Vitalität dahin, sie arbeiten nichts mehr. Phytos

Spinnmilben sind wichtige Raubmilben.

sterben bei unter 35° C und weniger als 50 Prozent Luftfeuchte. Diese Raubmilben werden mit großen Erfolgen als gezüchtete Nützlinge in Gewächshauskulturen eingesetzt.

Förderung
Möglichst für ausgeglichenes Klima sorgen.

Regenwurm

Er sei hier stellvertretend aufgeführt für die unzähligen Bodenorganismen, vom Tausendfüssler bis hinunter zu den Erdmilben oder gar den Älchen und einzelligen Mikroorganismen. Erst die Gemeinschaft aller dieser Lebewesen in Symbiose mit den Pilzen und Bakterien macht aus Erde Mutterboden. Der Name sagt es eigentlich schon, auf dieser Gemeinschaft des Mutterbodens basiert alles andere Leben. Der Regenwurm ist meist ein zuverlässiger Indikator für Böden, die lebendig sind. Es ist schon erstaunlich: das Gesamtgewicht der Regenwürmer in einem guten Acker kann bis zu 2 Tonnen auf 10.000 Quadratmeter betragen, während von derselben Fläche nur etwa eine Kuh von max. 1,5 Tonnen Gewicht lebt.

Hauptnahrung des Regenwurmes sind Pilze, die auf der abgestorbenen organischen Masse leben, oft zieht er sich selbst Strohhalme in seine Gänge und sorgt so für seine eigene Pilzkultur.

Förderung
Stets nur mit organischem Material düngen, ideal sind Mulchdecken.

1) Eisenia foetida, *der Kompostwurm hier in Pferdemist 2) seine Lieblingsspeise: sogenannte Schmutzpilze, Ascomyzeten hier auf Rosendünger 3) Der große Regenwurm,* Lumbricus terrestris.

Ein Nachwort

Die Rose, welche hier

dein äußres Auge sieht

Die hat von Ewigkeit

in Gott also geblüht.

Angelus Silesius (1624-1677)

Jetzt, wo ich dieses Buch schreibe, ist Winterzeit. Auf den Januar freuen wir Rosengärtner uns ganz besonders, denn da ist endlich einmal Zeit für so vieles, wofür einem die Rosen und die Kunden sonst keine Zeit lassen. Und doch träumt man schon wieder vom nächsten Sommer und von der Rosenblüte. Jeder Mensch hat immer wieder Ziele und Träume, und nur wenn man die hat, kann man sie auch angehen und verwirklichen. Wer keine Ziele hat, kann auch keine erreichen. Der Mensch strebt immer nach höherem. Das hält die Welt in Gang. Schon immer haben Menschen sich Ziele gesteckt, um sie zu erreichen, aber oft haben sie auch vergeblich mit der Nase am Boden gesucht und das Ziel in der Nähe nicht gesehen.

Wie viele Generationen von Abenteurern und Alchemisten waren auf der Suche nach dem Stein der Weisen, dem sagenhaften Material, das alles zu Gold verwandeln kann? Dabei muss man nur offenen Auges durch die Welt gehen und die bereits gewonnenen Erkenntnisse zusammenfügen. In seinem Landwirtschaftlichen Kurs hat Rudolf Steiner die folgende logische Erkenntnis ausgesprochen:

Der Stein der Weisen ist der Kohlenstoff, dieser einfachste Grundstoff aller organischen Verbindungen. Als wichtiger Grundbaustoff ist er in allen Lebewesen enthalten, er bildet das Grundgerüst und die Strukturen.

Dr. Rudolf Steiner

Auch unsere Rose ist von Kohlenstoff bestimmt. In seiner reinsten Form erscheint dann dieser unscheinbare schwarze Kerl als lupenreiner Diamant – dem wertvollsten und gleichzeitig härtesten Material!
Unzählige Ritter waren bereits im Mittelalter auf der Suche nach dem heiligen Gral, dem Kelch des letzten Abendmahles Jesu. Der Blütenkelch der Rose wird oft als Symbol mit ihm in Verbindung gebracht. Nach einer Theorie in der Literatur handelt es sich um eine Wortverwechslung, derzufolge man nicht den San Gral, den heiligen Kelch, suchen sollte, sondern das Sang real, das heilige Blut. Wahrscheinlich findet man im Kelch einer Rose schneller zu dem Sang real, dem heiligen Blut Christi, dass er für die Welt auf die Erde vergossen hat und das dadurch letztendlich in allem auf der Erde ist!

Wissenschaft und Mystik sind in unserer Welt meist getrennt und unvereinbar. Gerade deshalb haben mich bei den Recherchen zu diesem Buch die Erkenntnisse des Naturphilosophen Haeckel besonders beeindruckt. Er war ein Verfechter einer besonderen „Realphilosophie“, indem er durch vernünftige Schlussfolgerungen versuchte, ein Band zwischen den Einzelerkenntnissen verschiedener Wissenschaften zu knüpfen und mit gesundem Menschenverstand Schlussfolgerungen zu ziehen. Lückenlos stellte er so eine Darwinistische Entwicklungsgeschichte des Lebens von der Materie her auf und zog daraus die Schlussfolgerung, dass es unmöglich eine offensichtlich erkennbare gottgegebene schlagartige Schöpfung gegeben haben konnte. Als grundsätzlich falsch sah er die dualistische Theorie Kants an, wonach es auf der einen Seite eine göttliche Welt gibt, von der aus unsrige Welt sozusagen schlagartig geschaffen wurde. Laut dieser Theorie ist alles in unserer Welt vorbestimmt und viele Dinge, die nicht logisch erklärbar sind, sind eben gottgegeben. Haeckel setzte dieser dualistischen Theorie die monistische entgegen, die besagt, dass alles in unserer Welt Geschehene sich logisch erklären lässt, und alles Vorhandene aus einer kausal logischen Kette von Ereignissen beruht. Viele sahen in dieser Theorie eine Art von Atheismus. Er sah aber allein in dem Verhalten von Materie eine Ar von primitivster „Empfindung der Substanz“, die erst die Reaktionen zwischen den Substanzen und dadurch schließlich den Beginn des Lebens ermöglichte. Alles folgt demnach noch heute diesen Urgesetzen. Diese monistische Theorie lässt also immer noch die Frage nach dem Vorhandensein göttlicher Mächte zumindest offen.

Im Zusammenhang mit Haeckels Erkenntnissen hat auch der Eingangssatz dieses Nachworts von Angelus Silesius für mich eine ganz andere, tiefere Bedeutung erhalten. Heute, da wir weiter in die Urbausteine dieser Substanz einerseits und in den Weltraum andererseits vorgedrungen sind als je zuvor, haben wir Gott immer noch nicht gefunden. Wir werden ihn auch weder in der einen, noch in der anderen Richtung finden, und doch ist er in allem. Die Indianer können ihn in einem Stein finden. Wenn Sie das nächste Mal wieder eine schöne Rose betrachten, dann nehmen Sie sich doch einmal etwas Zeit und schauen genauer hin.

Wenn ihr die einzelnen Dinge einfach schätzen könnt, so wie sie sind, habt ihr reine Dankbarkeit entwickelt.

Obwohl ihr nur eine einzelne Blume beobachtet, schließt diese Blume alles in sich ein.

Sie ist nicht nur eine Blume, Sie ist das absolute. Sie ist der Buddha selbst.

Suzuki

Literaturverzeichnis

Ein Buch muss wachsen wie eine Rosenpflanze auch. Der Schreiber mag wohl der Gärtner des Buches sein, allein seine Eltern sind zu einem erheblichen Teil sicher die Bücher, die ihm vorangegangen sind. Hier ist die Liste der Bücher, mit denen ich mich besonders beschäftigt habe.

Agudo, A., Cabrera, L., Amiano, P., Ardanaz, E., Barricarte, A., Berenguer, T., Chirlaque, M.D., Dorronsoro, M., Jakszyn, P., Larrañaga, N., Martínez, C., Navarro, C., Quirós, J.R., Sánchez, M.J., Tormo, M.J., González, C.A.: Fruit and vegetable intakes, dietary antioxidant nutrients, and total mortality in Spanish adults: findings from the Spanish cohort of the European Prospective Investigation into Cancer and Nutrition (EPIC-Spain). American Journal of Clinical Nutrition, Vol. 85, No. 6, 1634–1642, Juni 2007

Betten, Robert: Die Rose, ihre Anzucht und Pflege. Trowitzsch und Sohn Verlag, Frankfurt/Oder, 3. Auflage, 1911

Cosgrove, M.C., Franco, O.H., Granger, S.P., Murray, P.G., Mayes, A.E.: Dietary nutrient intakes and skin-aging appearance among middle-aged American women. American Journal of Clinical Nutrition, Vol. 86, No. 4, 1225–1231, Oktober 2007

Francé-Harrar, Annie: Die letzte Chance für eine Zukunft ohne Not. 1. Neuauflage, Blue Anathan Verlag, 2007, ISBN 978-3-931330-21-7

Haeckel, Ernst: Die Lebenswunder – Gemeinverständliche Studien über biologische Philosophie. Alfred Kröner Verlag, Stuttgart, 1905

Hennig, Erhard: Geheimnisse der fruchtbaren Böden. OLV Organischer Landbau Verlag, Xanten, 3. Auflage, 2002, ISBN 978-3-922201-09-0

Kiehs-Glohs, Christina: Wildrose – Eine Heilpflanze verwandelt das Feuer. Aethera Verlag, Stuttgart, 2000, ISBN 3-7725-5018-5

Liebig, Justus von: Chemische Briefe von Justus von Liebig. Sechste Auflage. Neuer unveränderter Abdruck der Ausgabe letzter Hand. C.F. Winter'sche Verlagshandlung, Leipzig und Heidelberg, 1878

Pilaske, Rita: Natürliche Hausapotheke Rose. Fraund Verlag, Mainz, 2002, ISBN 3-921156-58-0

Pommeresche, Herwig: Humussphäre – Humus, ein Stoff oder ein System? OLV Organischer Landbau Verlag, Xanten, 2004, ISBN 978-3-922201-50-2

Rusch, Hans Peter: Bodenfruchtbarkeit – Eine Studie biologischen Denkens. OLV Organischer Landbau Verlag, Xanten,1968, Neuauflage 2004, ISBN 978-3-922201-45-8

Snoek, Helmut, und Wülfrath, Horst: Das Buch vom Steinmehl – Gewinnung, Bedeutung und Verwendung für Boden und Pflanze. Deukalion Verlag, Hamburg, 1995, ISBN 3-930720-10-8

Thomsen, Evelyn: Die Heilkraft der Rosen. Gesundheit, Schönheit und Lebensglück aus dem Rosenbeet. Seehamer Verlag, Weyarn, 2002

Woessner, Dietrich: Rosenkrankheiten. Ulmer Verlag, Stuttgart, 2. Auflage, 1976, ISBN 3- 8001-6076-5

Quellenhinweise

Quellenhinweise der Zitate in diesem Buch:

Kapitel 2
- Vermutlich aus: Lewalter, Johann (Hrsg.):
Deutsches Kinderlied und Kinderspiel.
Verlag von Karl Vietor, Hofbuchhandlung, Kassel, um 1911
- Francé-Harrar, Annie:
Die letzte Chance für eine Zukunft ohne Not. 1. Neuauflage, Blue Anathan Verlag, 2007, ISBN 978-3-931330-21-7

Kapitel 3
- Brecht, Berthold
- Van Dyke, Henry
- Magnus, Albert (vermutlich)

Kapitel 4
- Marx, Karl

Kapitel 5
- Capek, Karel - Vermutlich aus: Das Jahr des Gärtners. Aufbau Verlagsgruppe, Berlin, 2001

Kapitel 6
- Hafis/Muhammad Schams ad-Din (1326-1390)
Vermutlich aus: Scharf, Kurt: Die schönsten Gedichte aus dem klassischen Persien: Hafis, Rumi, Omar Chajjam. C.H. Beck Verlag, München, 2009

Kapitel 7
- Capek, Karel - Vermutlich aus: Das Jahr des Gärtners. Aufbau Verlagsgruppe, Berlin, 2001
- Liebig, Justus von - Chemische Briefe, 44. Brief
Sechste Auflage. Neuer unveränderter Abdruck der Ausgabe letzter Hand. C.F. Winter'sche Verlagshandlung, Leipzig und Heidelberg, 1878

- Betten, Robert 1911 - Die Rose, ihre Anzucht und Pflege. Trowitzsch und Sohn Verlag, Frankfurt/Oder, 3. Auflage, 1911

Kapitel 8
- Heine, Heinrich
Zum Beispiel aus: Heinrich Heine: Buch der Lieder. Hoffmann und Campe Verlag, Hamburg, 1827

Kapitel 9
- Busch, Wilhelm

Kapitel 10
- Günther, Johann Christian (1695-1723) - Vermutlich aus: Gesammelte Gedichte. Carl Hanser Verlag, München, 1981

Kapitel 11 - Schnack, Friedrich

Kapitel 12 - Rückert, Friedrich (1788-1866)

Kapitel 13
- Francé-Harrar, Annie - Die letzte Chance für eine Zukunft ohne Not. 1. Neuauflage, Blue Anathan Verlag, 2007, ISBN 978-3-931330-21-7

Kapitel 14
- Kitahara Hakushu, Vermutlich aus: Günther Debon: Im Schnee die Fähre. Japanische Gedichte der neueren Zeit. R. Piper Verlag, München, 1955.

Kapitel 15
- Chamisso, Johann Adelbert von (1781–1838)
- Shakespeare, William, Vermutlich aus: Sonnet LIV. In: The Plays and Poems of William Shakespeare (v. 21). R. C. and J. Rivington [etc.], London, 1821. Übersetzt von Stefan George (1909), vermutlich aus: Stefan George: Shakespeares Sonette - Umdichtungen. George Bonde, Verlag, Berlin, 1909
- Hafis/Muhammad Schams ad-Din (1326-1390) Vermutlich aus: Hafis/Muhammad Schams ad-Din. In: Scharf, Kurt: Die schönsten Gedichte aus dem klassischen Persien: Hafis, Rumi, Omar Chajjam. C.H. Beck Verlag, München, 2009

Kapitel 16
- Busch, Wilhelm, Vermutlich aus: Am Vorabend von Rosens Geburtstag. In: Bohne, Friedrich (Hrsg.): Wilhelm Busch – Gesamtausgabe in vier Bänden, Band 4, Vollmer Verlag Wiesbaden, 1970
- Twain, Mark

Kapitel 17
- Blake, William (1757-1827), Vermutlich aus: Hofmann, Werner (Hrsg.): Lieder der Unschuld und Erfahrung. Insel Verlag, Frankfurt, 1988
- Busch, Wilhelm

Kapitel 18
- Silesius, Angelus (1624-1677),
Vermutlich aus: Louise Gnädinger (Hrsg.): Cherubinischer Wandersmann. Reclam Verlag, Ditzingen, 1986
- Steiner, Rudolf, Vermutlich aus: Geisteswissenschaftliche Grundlagen zum Gedeihen der Landwirtschaft: Landwirtschaftlicher Kurs. Rudolf Steiner Verlag, Dornach/Schweiz, x. Auflage, [Jahr]
- Suzuki

Quellenhinweise der Bilder in diesem Buch:

- Rosentriebbohrer - Renate Husmann, Weyhe
- Rosenblütenstecher - dto.
- Nematodenbilder: Sylvia Schütz, Pflanzenschutzdienst Hessen, (Regierungspräsidium Gießen)
- Valsakrankheit - Sabine Poppe,
- Ohrenkneifer - Gitti, pixelio.de
- Laufkäfer - B. Storch, digitalstock.de
- Raubmilbe & Dickmaulrpßler - BBA

Alle anderen Fotos stammen vom Autor dieses Buches.

Autor, Reaktion und Verlag war es leider nicht möglich zu den aufgeführten Zitaten alle Quellen und Rechte definitiv anzugeben. Sollten wir gegen Rechte verstoßen haben, so war das nicht unsere Absicht. Rechteinhaber mögen sich gegebenenfalls beim Verlag schriftlich melden.

Danksagung

Einen besonderen Dank möchte ich an alle Menschen richten, die mir mit ihrem Wissen und ihren Erfahrungen bei diesem Buch geholfen haben. Eingeschlossen darin auch die Rosenliebhaber, die mir ihre Probleme darbrachten, und dadurch meinen Erfahrungsschatz erweiterten.

Besonders erwähnen möchte ich Frau Roswitha Ulrich und Herrn Willi Mondani vom Pflanzenschutzdienst im Landesbetrieb für Landwirtschaft Hessen für ihr Fachwissen, mit dem sie mir immer zur Seite stehen. Meinem Vater Georg Ruf, der mir mit seinem unerschütterlichen bäuerlichen Naturverständnis und seiner zielstrebigen Lebensweise zeitlebens ein Vorbild sein wird.

Meiner Frau Sabine, die nicht nur immer Geduld hatte und mir Muse war, sondern obendrein manche meiner verschraubten Ausführungen erst verständlich machen musste.

Werner Ruf

Ein ländlicher Garten

Zwischen Tradition und Moderne

Mit ihrem Fachwissen und reichem Erfahrungsschatz aus ihrem Bio- und Bauerngarten gibt die Autorin viele wertvolle Tipps und Anregungen für Anfänger und Fortgeschrittene. Dabei steht sie in der Tradition alter Bauerngärten. Mit Gemüsepflanzen- und Heilkräuterporträts.Von Maria Reiter. 128 Seiten. Hardcover. Format 16,5 x 21,5 cm. 128 Farbfoto. Skizzen und Tabellen.

ISBN 978-3-922201-62-5 18,00 €

Mulch total

Der Garten der Zukunft

Ein langjähriger Gartenpraktiker beschreibt ausführlich, wie er seit vielen Jahren seinen Hausgarten konsequent mit organischen Materialien bedeckt und welche überaus positiven Folgen das für seine Gartenfrüchte hat. Er fördert gezielt das Bodenleben und verzichtet auf den Einsatz jeglicher Dünger und sogenannter Pflanzenbehandlungsmittel.

Von Kurt Kretschmann und Rudolf Behm (Anhang). 170 Seiten. Softcover.

Format 14,8 x 21,0 cm. Zahlreiche farbige und schwarzweiße Fotos.

ISBN 978-3-922201-18-2 16,90 €

Humussphäre

Humus – Ein Stoff oder ein System?

Forscher haben herausgefunden, dass alle Pflanzen durch den bei Tieren schon akzeptierten Prozess der so genannten Endozytose lebende Mikroorganismen über die Wurzelschleimhaut aufnehmen und verdauen. Außerdem fand man heraus, dass jede Wurzelhaarzelle mit jeder „absterbenden" Haarzelle eigene, lebende Bakterien regenerierbare Zellbestandteile abgibt. Das macht nach Auffassung des Autors ein Pflanzenernährungsmodell möglich, das ohne Salzionen auskommt. Aufgrund dieser Erkenntnisse, stellt der Autor das heute immer noch gängige, fast 170 Jahre alte, chemisch-technisch geprägte Landwirtschaftssystem infrage und diskutiert eine moderne Agrarbiologie mit ganzheitlichem Ansatz.
Von Herwig Pommeresche. 223 Seiten. Hardcover. Format 14,8 x 21,0 cm.
Zahlreiche farbige und schwarze Fotos und Skizzen.
ISBN 978-3-922201-50-2 22,00 €

Unsere Bücher erhalten Sie in allen Buchhandlungen!

NATÜRLICH GÄRTNERN & ANDERS LEBEN

Das weiterführende Biogarten- und Permakultur-Magazin bietet im Wechsel der Jahreszeiten eine reich bebilderte Fülle praxisnaher Beiträge aus Gartenpraxis, Permakultur, Nutzpflanzenvielfalt, Gehölz-, Blumen- und Bauerngarten, Bodenpflege, Kompostwirtschaft und Gartengestaltung.
Das Magazin erscheint 6 x jährlich. ISSN 0944-4564. Fordern Sie einfach ein unverbindliches Probeheft an und schauen Sie www.natuerlich-gaertnern.de

OLV ORGANISCHER LANDBAU VERLAG KURT WALTER LAU
Im Kuckucksfeld 1 - 47624 Kevelaer (Twistenden)

Telefon 02832-9727820 – Telefax 02832-9727869
E-Mail: info@olv-verlag.de – www.olv-verlag.de

OLV
Fachverlag für
Garten und Ökologie